AF003547

Musikpädagogische Schriften
der Hochschule für Musik und Theater München

Herausgegeben von
Wolfgang Mastnak, Hans-Ulrich Schäfer-Lembeck und Stephan Schmitt

Band 1

Hans-Ulrich Schäfer-Lembeck (Hg.)
Klassenmusizieren als Musikunterricht!?
Theoretische Dimensionen unterrichtlicher Praxen

Klassenmusizieren als Musikunterricht!?
Theoretische Dimensionen unterrichtlicher Praxen
Beiträge des Münchner Symposions 2005

Unter Mitarbeit von Klaus Mohr
herausgegeben von Hans-Ulrich Schäfer-Lembeck

Weitere Informationen über den Verlag und sein Programm unter:
www.allitera.de

Bibliographische Information der Deutschen Bibliothek

Die Deutsche Bibliothek verzeichnet diese Publikation
in der Deutschen Nationalbibliographie; detaillierte bibliographische Daten
sind im Internet über <http://dnb.ddb.de> abrufbar.

Dezember 2005
Allitera Verlag
Ein Verlag der Buch&media GmbH, München
© 2005 Allitera Verlag, München
Umschlaggestaltung: Kay Fretwurst, Freienbrink
Herstellung: Books on Demand GmbH, Norderstedt
Printed in Germany · ISBN 3-86520-158-x

Inhalt

Vorwort 7

Einleitung 11

Jürgen Vogt (Hamburg)
»Adorno revisited« oder: Gibt es eine ›Kritik des Klassenmusikanten‹ ohne
kritische Theorie der Musikpädagogik? 13

Bernhard Hofmann (Regensburg)
Musik machen – Wissen erwerben 25

Heinz Geuen (Köln)
»Das Ordnen des Tuns«: Musikmachen im Klassenverband als integratives
Unterrichtsprinzip 36

Stefan Orgass (Essen)
Mindestanforderungen an das unterrichtliche Klassenmusizieren aus
bedeutungs-, interaktions- und bildungstheoretischer Sicht 48

Christian Rolle (Saarbrücken)
Klassenmusizieren als ästhetische Praxis? 60

Christopher Wallbaum (Leipzig)
Klassenmusizieren als einzige musikalische Praxis im Zentrum von
Musikunterricht? 71

Christoph Schönherr (Hamburg)
Kann das Klassenmusizieren den Musikunterricht ersetzen? 95

Werner Jank (Mannheim)
Plädoyer für Artenvielfalt. 109

Ludwig Striegel (Mainz)
Klassenmusizieren als integratives Unterrichtskonzept: Das Mainzer Modell . 118

Ortwin Nimczik (Detmold)
Studienfeld Klassenmusizieren: Ein neuer Schwerpunkt im Studiengang
Schulmusik an der Hochschule für Musik Detmold 125

Der Kürze halber werden in mehreren Beiträgen die Bezeichnungen Lehrer, Schüler usw. als Synonyma für weibliche und männliche Personen verwendet.

Vorwort

Im Anschluss an eine Vortragsveranstaltung mit Herrn Dr. Thomas Goppel, dem Bayerischen Staatsminister für Wissenschaft, Forschung und Kunst, ergab sich im Frühjahr 2004 ein Gespräch, bei dem Repräsentanten aus der Bildungspolitik, der Laienmusik, der Musikinstrumentenindustrie, schulischer und hochschulischer Musikpädagogik, mithin unterschiedliche Perspektiven vertreten waren. Der Meinungsaustausch ging von der Feststellung aus, dass in jüngerer Zeit im Klassenunterricht an allgemeinbildenden Schulen das gemeinsame instrumentale Spiel (insbesondere auf Blasinstrumenten) zunehmend an Bedeutung gewinnt. Relativ schnell entstand ein Konsens darüber, dass in diesem Zusammenhang eine Reihe von kultur- und bildungspolitischen Fragen gestellt werden können bzw. zu diskutieren sind, die aus jeder der vertretenen Blickrichtungen von Bedeutung, von Interesse, ja sogar von einer gewissen Brisanz sind. Denn mit dem neuen Stellenwert des Klassenmusizierens betätigt sich der Musikunterricht an allgemeinbildenden Schulen auf einem Aufgabenfeld, das bis dato weitgehend als angestammtes Terrain der außerschulischen musikalischen Arbeit in privatem Musikunterricht, Musikschulen, den Kirchen und in Musikvereinen angesehen wurde. Es bestand Einigkeit, dass dieser kultur- und bildungspolitische Themenzusammenhang auf geeignete Weise weiter zu verfolgen und zu vertiefen sei.

Dieser Anregung – die nicht zuletzt auch auf den Herrn Staatsminister zurückging – nahm sich das *Musikpädagogische Institut für Lehrerfortbildung und Unterrichtsforschung (MILU)* der Hochschule für Musik und Theater München an und überführte sie in eine inhaltliche und organisatorische Konzeption für eine Doppelveranstaltung unter dem Titel *Klassenmusizieren als Musikunterricht!?* Einerseits war eine Podiumsdiskussion vorgesehen, an der alle betroffenen Gruppen in einer breiteren Öffentlichkeit Gelegenheit zur Erörterung erhalten sollten, andererseits ein (für ein interessiertes Fachpublikum öffentliches) wissenschaftliches Symposion für die prinzipiellen musikalischen und pädagogischen Implikationen des Themas.

In die Vorbereitung der Podiumsdiskussion wurde auf Anregung des Staatsministeriums der Bayerische Blasmusikverband/Musikbund von Ober- und Niederbayern e. V. (BBMV/MON) mit eingebunden. Weder hinsichtlich der Einschätzung der aktuellen kultur- und bildungspolitischen Situation gab es hier irgendeinen Dissens noch im Blick auf die Dringlichkeit, mit der das konkrete Thema zu verfolgen sei. Denn die Veränderung der Schullandschaft (wie das achtstufige Gymnasium und die Tendenz zu Unterrichtszeiten bis in den Nachmittag hinein) und neue pädagogische Konzepte wie das Klassenmusizieren bleiben ja nicht ohne Wirkung auf die außerschulische, zumeist ehrenamtlich, aber dennoch mit großem Engagement und Know-how getragene Kulturarbeit. Ganz offensichtlich entstehen neue Berührungsflächen zur Musikkultur um die Schule herum, was nicht nur die Frage provoziert, in welchem Verhältnis Schulmusik und Musikschule zueinander stehen (wie sie u. a. auf einem Kongress des Deutschen Musikrates in Königsstein 2004 erörtert wurde), sondern auch Überlegungen dazu hervorruft, wie denn z. B. in Bayern realisierte Bläserklassenkonzepte zu den Traditionen von Blasmusik stehen. So lässt sich u. a. fragen, wie Synergieeffekte erzielt werden können oder wie klassenmusikalische Konzepte der Schule von außen (sei es durch die Organisationen der Laienmusik, durch Musikschulen oder durch Einzelpersonen) unterstützt und abgesichert werden können.

Nachdem die Podiumsdiskussion aus verschiedenen terminlichen Gründen nicht, wie ursprünglich vorgesehen, als Bestandteil des *10. Bayerischen Landesmusikfestes – Internationales Bläserfestival München*, 2.–5. Juni 2005 stattfinden konnte, wurde sie als Teil der Doppelveranstaltung *Klassenmusizieren als Musikunterricht!?* am 25. Juni 2005 unter der Moderation von Theo Geißler (Chefredakteur der Neuen Musikzeitung) auf dem Gelände der Bundesgartenschau München 2005 durchgeführt. Zur Diskussion fanden sich Martin Maria Krüger (Präsident des Deutschen Musikrates), Gerhard A. Meinl (Vorsitzender des Bundes der Deutschen Musikinstrumentenhersteller), Franz Kellerer (Verbandsdirigent des Musikbundes von Ober- und Niederbayern), Klaus Hammer (Fachsprecher bläserische Ausbildung und Blasmusik des Verbandes der Bayerischen Sing- und Musikschulen), Felix Glombitza (als Studiendirektor Gymnasiallehrer und langjähriger Bläserklassenleiter) und Prof. Dr. Ludwig Striegel (Musikpädagoge, Universität Mainz) zusammen. Sie konnten zahlreiche Facetten des Themas erörtern, nicht ohne auch zu bedauern, dass trotz ihres deutlich bekundeten Interesses an der Thematik weder Vertreter des Bayerischen Kultus- noch des Bayerischen Wissenschaftsministeriums anwesend sein konnten.

Das wissenschaftliche Symposion, dessen Beiträge im Folgenden in schriftlicher Form vorgelegt werden, fand zwei Tage zuvor, am 23. Juni 2005, im Kleinen Saal der Hochschule für Musik und Theater München statt. Neben den Referenten, allesamt Hochschullehrer des Faches Musikpädagogik an verschiedenen bundesdeutschen Hochschulen, hatte sich eine größere Anzahl von Studierenden, Musiklehrerinnen und Musiklehrern (in der Mehrzahl aus Bayern) versammelt, um sich über die prinzipielleren Überlegungen zum Thema zu orientieren und ihre eigenen Erfahrungen und Gedanken in der Diskussion zur Geltung zu bringen. Die beachtliche Teilnehmerzahl wie die Intensität, in der Beiträge formuliert und Gespräche geführt wurden, ließ deutlich werden, dass die Beschäftigung mit den aufgeworfenen Fragen einer großen Zahl von Kollegen und Kolleginnen auch der Schulpraxis ein bedeutsames Anliegen ist. Da während des Symposions weder die in den Referaten gegebenen Hinweise noch die im Thema bezeichnete Problematik erschöpfend behandelt werden konnten, werden die in den Referaten gefassten Gedanken nunmehr in schriftlicher Form einer weiteren Beschäftigung zugänglich gemacht. – Den Referenten sei an dieser Stelle nicht nur (und nochmals) für ihre aktive Teilnahme am Symposion gedankt, sondern auch dafür, dass sie ihre Beiträge auch in verschriftlichter Form zur Verfügung gestellt haben. Dass bei einem Teil der Texte der Gestus eines mündlichen Vortrags erhalten geblieben ist, wird beim Lesen wohl kaum als störend registriert werden.

Der Frage *Klassenmusizieren als Musikunterricht!?* hätte nicht auf diese gründliche Weise nachgegangen werden können, hätten nicht zunächst und ganz besonders das Bayerische Staatsministerium für Wissenschaft, Forschung und Kunst durch Herrn Staatsminister Dr. Thomas Goppel und Herrn Ministerialrat Herbert Hillig und dann auch das Bayerische Staatsministerium für Unterricht und Kultus durch Herrn Ministerialrat Michael Weidenhiller durch finanzielle und ideelle Unterstützung die Veranstaltung ermöglicht. Insbesondere an eine Drucklegung der Beiträge des Symposions und damit auf die Möglichkeit einer Fortsetzung der differenzierten Beschäftigung mit der Thematik wäre nicht zu denken gewesen. Diesen Institutionen und den sie vertretenden Personen sei als Erstes und ganz herzlich für ihre maßgebliche Unterstützung gedankt.

Dankbar gewürdigt sei auch die Zusammenarbeit mit dem Bayerischen Blasmusikverband/Musikbund von Ober- und Niederbayern e. V., insbesondere seinem Geschäftsführer Herrn Andreas Horber, der u. a. in organisatorischer Hinsicht die Realisierung der Podiumsdiskussion gekonnt geleistet hat. Damit wurde ganz wesentlich zur Umsetzung jenes Aspektes des Veranstaltungspaketes beigetragen, in dem es um das Anliegen ging, die Diskussionsebenen von breiterer und spezieller musikalischer Öffentlichkeit, die Gespräche von Laienmusik, Musikschule, Schulmusik und (last, but not least) von Politik miteinander zu verbinden.

Vorwort

Gedankt sei auch der Hochschule für Musik und Theater in München, zunächst ihrem Rektor, Herrn Prof. Dr. Siegfried Mauser, der nicht nur die Freundlichkeit hatte, das Symposion zu eröffnen, sondern auch die Entwicklung fachlich-wissenschaftlicher Arbeit an einer Musikhochschule wohlwollend begleitet und so auch die Initiative zu einer derartigen Veranstaltung unterstützt hat. Dankbar zu erwähnen ist aber auch, dass noch andere Damen und Herren des Hauses (z. B. der Haustechnik und der Verwaltung) die Durchführung der Veranstaltung ermöglicht bzw. zu ihrem Gelingen beigetragen haben. – Insgesamt wäre sie allerdings ohne das Engagement von Herrn Klaus Mohr nicht möglich gewesen; er hat als Geschäftsführer des *Musikpädagogischen Instituts für Lehrerfortbildung und Unterrichtsforschung (MILU)* der Hochschule für Musik und Theater München in kompetenter, gewissenhafter und selbstloser Weise für Planung und Durchführung in fachlicher und organisatorischer Hinsicht gesorgt. Nicht zuletzt ist ihm auch für die Redaktion dieses Berichtsbandes zu danken, die ganz wesentlich und umsichtig von ihm mitgetragen wurde.

Abschließend sei auf den besonderen Stellenwert dieses Buches im Kontext der Entwicklung und Etablierung des wissenschaftlichen Faches Musikpädagogik an einer Musikhochschule hingewiesen. Nach der Verleihung des Promotionsrechtes an die Münchner Hochschule im Jahre 2000, der Neugründung des *Musikpädagogischen Instituts für Lehrerfortbildung und Unterrichtsforschung (MILU)* im Jahre 2004, das mit dem Symposion nach einer ganzen Reihe von Fortbildungsangeboten nunmehr erstmals sichtbar einen Beitrag für die wissenschaftliche Reflexion in Bezug auf den Musikunterricht gibt, erscheint mit der nunmehr vorliegenden Publikation der Band 1 der *Musikpädagogischen Schriften der Hochschule für Musik und Theater München*. Mit dieser Entwicklung insgesamt wie mit der Eröffnung der Reihe speziell verbindet sich die Hoffnung auf eine gedeihliche Weiterentwicklung, d. h. die Hoffnung auf weitere qualifizierte Beiträge zur musikpädagogisch-wissenschaftlichen Theoriebildung.

München, im September 2005
Der Herausgeber

Einleitung[1]

»*Klassenmusizieren* – ein Gedanke setzt sich durch«, ist auf einer der zahlreichen Internetseiten zum Stichwort zu lesen; auf einer anderen findet sich, dass »Musik machen« »in« sei und »Klassenmusizieren« das Schlagwort, das die musikdidaktische Diskussion seit geraumer Zeit präge. Hochkonjunktur wird in Bezug auf das Klassenmusizieren konstatiert. Tatsächlich ist unübersehbar, dass an immer mehr allgemeinbildenden Schulen Musikunterricht (in unterschiedlichen Formen) als Klassenmusizieren verwirklicht wird, dass Schulmusikstudiengänge umgestaltet und mit Angeboten für die Anleitung zum Klassenmusizieren versehen werden.[2] Auf der Ebene musikpädagogischer Reflexion und Theoriebildung stellt sich die Frage, ob es musikalisch und pädagogisch verantwortbar ist, so zu verfahren und den Musikunterricht an allgemeinbildenden Schulen in der Form des Klassenmusizierens durchzuführen. Es ist zu fragen, welches die Leitvorstellungen und Begründungen sind, die für klassenmusikalische Aktivitäten angeführt werden, und wie sie sich von denen unterscheiden, die für den Musikunterricht an sich gegeben werden.

Kann Betätigungsfreude, kann das Ideal gemeinschaftlich musizierender Kinder angeführt werden, ohne dass die Kritik des Musikanten oder die (ebenfalls von Adorno stammende) Auffassung von Musizieren bedacht wird, das als vorgeistige Aktivität, als falsche Befriedigung charakterisiert und dem Glück musikalischer Erfahrung bedeutender Werke gegenübergestellt wurde? – Müsste nicht das Problem des musikalischen Dilettantismus reflektiert werden, z. B. aus dem Lager musikbezogener Lehrerbildung, in dem auf künstlerische Schwerpunktbildung großer Wert gelegt wird? – Reicht die Skepsis gegenüber (z. B. einseitig verstehensorientiert oder grammatikalistisch ausgerichteten) Konzep-

---

[1] Der folgende Text enthält den Aufriss des Themas des Symposions, wie er den Referenten mit der Einladung übergeben worden war.
[2] Mit dem Begriff *Klassenmusizieren* waren – ohne dass das gesondert angegeben worden war – in diesem Text und dann auch in den Beiträgen des Symposions insbesondere unterrichtliche Verfahrensweisen angesprochen, in denen (wie z. B. bei den sog. *Bläserklassen*) alle Schüler einer Klasse – in der Regel anhand bestimmter Konzepte – als »Musikklasse« (Johannes BÄHR, in W. JANK [Hg.], *Musikdidaktik*, Berlin 2005, S. 160) ein Instrument erlernen.

ten von (Musik-) Didaktik oder von Schule als Begründung? – Und wie steht es mit den im Kontext des Klassenmusizierens kommunizierten Annahmen, dass derartige unterrichtliche Strategien günstige Auswirkungen auf die Entwicklung von musikalischem Wissen, von Intelligenz und Persönlichkeit hätten?

Einige der als Fragen angesprochenen Überlegungen sind inzwischen kritischen Perspektivierungen ausgesetzt worden, andere wurden länger nicht erwogen oder weitergedacht. Um einen Kontext in den Überlegungen zu den Entwicklungen musikunterrichtlicher Praxen herstellen zu können, die unter dem Begriff »Klassenmusizieren« zusammengefasst werden, scheint es geboten, sich vorhandener Positionierungen zu vergewissern, sie aufeinander zu beziehen oder zu ergänzen. Darüber hinaus wird bei der Herstellung eines solchen Kontexts eine Dimensionierung im Blick auf Theorien musikalischer Bildung vermutlich unumgänglich sein.

Jürgen Vogt (Hamburg)

»Adorno revisited« oder: Gibt es eine ›Kritik des Klassenmusikanten‹ ohne kritische Theorie der Musikpädagogik?

Wenn ein Symposion wie dieses unter das mit einem Fragezeichen versehene Thema gestellt wird, ob das Klassenmusizieren *als* Musikunterricht fungieren solle oder könne, so dürfen diejenigen, die mit der Geschichte der Musikpädagogik vertraut sind, reflexartige Reaktionen erhoffen oder auch befürchten, die sogleich auf Theodor W. Adornos *Kritik des Musikanten*[1] verweisen und eindringlich vor einer Wiederkehr des bloßen, und noch dazu neomusischen Tuns im Musikunterricht warnen.

»Der Begriff des Musikanten […] meint insgeheim bereits den Vorrang des Musizierens über die Musik; daß einer fidelt soll wichtiger sein, als was er geigt«[2] – dieses Zitat wäre zu erwarten, und damit sei auch zugleich – im Namen des Kunstwerks – ein für alle Mal und endgültig das musikpädagogische Verdikt über das Klassenmusizieren an sich gesprochen.

Nun habe ich zwar doch die bewusste Stelle zitiert; dennoch möchte ich im folgenden Beitrag nicht die Hoffnung (oder die Befürchtung) erfüllen, hier solle nun die *Kritik des Musikanten* fünfzig Jahre nach ihrem Erscheinen gleichsam wie eine mosaische Gesetzestafel all denen entgegengehalten werden, die das Klassenmusizieren als die zentrale oder gar als die einzige Methode des Musikunterrichts propagieren. Solcherart erhöbe der bloße Hinweis darauf, dass doch schon Adorno damals dies und jenes gesagt habe, den Philosophen, in dessen Arbeiten der Begriff der *Kritik* doch eine zentrale Rolle spielt, zum sakrosankten Klassiker, der selbst gegen jegliche Einwände immun wäre. Dies getraut sich ohnehin heute wohl niemand mehr, sondern eher im Gegenteil: Es gehört wohl eher zum zeitgenössischen musikpädagogischen Habitus, Adorno im Ganzen zu verwerfen, da doch seine Erfahrungen und der Horizont seiner Kritik keine anderen als die eines 1903 Geborenen sein können. So ist es in einschlägigen

---

[1] Der nahe liegende Begriff einer ›Kritik des Klassenmusikanten‹ wurde bereits in VOGT 2004a benutzt, dort allerdings unter einer anderen Perspektive.
[2] ADORNO, GS 14, S.75.

Texten zum Klassenmusizieren z. B. Usus, darauf zu verweisen, dass die Jugendmusikbewegung und ihre Aspirationen vergangen sind, und damit auch die Daseinsberechtigung von Adornos Kritik.[3]

Und in der Tat: Es ist zu Beginn des 21. Jahrhunderts aller Voraussicht nach nicht zu befürchten, dass jugendmusikbewegte Untote in kurzen Hosen und mit Blockflöte und Klampfe bewaffnet zombie-gleich in bundesdeutsche Musikräume und Klassenzimmer einfallen, nachdem sie von den Protagonisten des Klassenmusizierens wieder aus ihren theoretischen Gräbern heraufbeschworen wurden.

Die Total-Verwerfung von Adornos Kritik hat also insofern ihr Richtiges, als doch jeglicher Kritik etwas Parasitäres und Unselbstständiges anhaftet: es gibt keine Kritik ohne ein Kritisiertes, ohne einen spezifischen Gegenstand, seien dies Sachverhalte (also Signifikate) oder auch Texte (also Signifikanten), die sich in spezifischer Weise auf Sachverhalte beziehen. Im Falle Adornos und der *Kritik des Musikanten* haben sich aller Vermutung nach die Signifikate, gewiss aber auch die Signifikanten verändert, so dass alle Kritik, die sich unverdrossen adornitisch an Theorie und Praxis des Klassenmusizierens heften wollte, weitaus anachronistischer anmuten müsste als das Klassenmusizieren möglicherweise selbst.

Dies ist aber nur die eine Seite der kritischen Medaille. Denn abgesehen von ihrem Gegenstand bedarf die Kritik selbstverständlich auch eigener Maßstäbe; anderenfalls wäre sie selbst mindestens ebenso bodenlos oder auch dogmatisch wie das Kritisierte selbst. Mit anderen Worten: Keine *Kritik des Musikanten* ohne Kritische Theorie (mit großem ›K‹), keine Kritik an ›musikpädagogischer Musik‹ ohne die *Philosophie der Neuen Musik*, keine Kritik an der Ideologie der musizierenden Gemeinschaft ohne die *Dialektik der Aufklärung*. Man muss es in der Rückschau den damals an der Diskussion beteiligten Vertretern der Jugendmusikbewegung beinahe schon nachsehen, dass sie mit einem solchen Unverständnis auf Adorno reagierten, da sie die Rechtsgründe seiner Kritik schlicht nicht kannten bzw. seine notwendig verkürzte Darstellung vielleicht auch nicht verstehen konnten.

Wie dem auch sei – wie der Titel meines Beitrages nahe legt, kann es nicht darum gehen zu fragen, ob denn der Gegenstand der Kritik im Falle von Jugendmusikbewegung und Klassenmusizieren noch oder wieder derselbe sei, sondern vielmehr darum, ob die Grundlage, auf die sich Adornos Kritik stützte, nicht auch die Basis für eine aktuelle ›Kritik des Klassenmusikanten‹ bilden könnte.

---

[3] Vgl. etwa FUCHS.

Was mich dabei interessiert, ist aber nicht die Frage, was denn ›Adorno heute‹ zur Idee sagen würde, das Klassenmusizieren sei keine bloße Methode, sondern solle womöglich den bisherigen Musikunterricht in Gänze ersetzen – die Antwort kann man sich vermutlich vorstellen. Gehaltvoller scheint mir hingegen die Frage, in welcher Weise heute eine kritische Theorie der Musikpädagogik betrieben werden kann, und wie sich diese kritische Theorie dem Klassenmusizieren gegenüber positionieren könnte.[4]

Diese Frage kann dabei in dem hier und jetzt gesteckten Rahmen weder detaillierter expliziert noch gar umfassend beantwortet werden; ich werde mich daher auf einige Schlaglichter beschränken müssen, die zumindest die Richtung meiner Überlegungen andeuten sollen. Weder werde ich damit der Kritik noch dem kritisierten Gegenstand Genüge tun können.

Zunächst einmal muss festgehalten werden, dass die Kritische Theorie im Ganzen sowohl innerhalb der Philosophie und der Sozialwissenschaften als auch innerhalb der Erziehungswissenschaft längst ihre Stellung verloren hat, die sie seit den späten 60er bis in die 80er Jahre des letzten Jahrhunderts innehatte.[5] Hierfür spielen sicherlich eine ganze Reihe von inner- und außertheoretischen Ursachen eine Rolle. Für die Musikpädagogik ließe sich z. B. sagen, dass Adornos ganz eigenwillige Kopplung von kritischer Gesellschaftstheorie und kunstwerkorientierter Ästhetik von Anfang an zu fragil und zu idiosynkratisch konstruiert war, um dauerhafte Akzeptanz zu finden, wenn sie dies denn überhaupt jemals in der Musikpädagogik getan hat.[6] Schwerwiegender dürfte aber ein ganz anderer Grund sein: Die Kritische Theorie hat deswegen in der Erziehungswissenschaft ihre Bedeutung verloren, weil ihre wesentlichen Forderungen als eingelöst erscheinen, und weil sich ihre Begrifflichkeit im Großen und Ganzen im pädagogischen Diskurs durchgesetzt hat. Die Angst vor dem wieder nahenden Faschismus in Gestalt der modernen Industriegesellschaft, die Adorno und andere im Deutschland der Adenauer-Ära noch umgetrieben hat, ist im sozialliberalen Milieu der 70er und 80er Jahre einer Konsolidierung demokratischer Strukturen und Kommunikationsformen auch und gerade in der Schule gewichen.

---

[4] Die Rolle der Kritik in der Pädagogik ist in letzter Zeit innerhalb der Allgemeinen Erziehungswissenschaft wieder neu beleuchtet worden (vgl. u. a. BENNER, PONGRATZ u. a., für die Musikpädagogik STROH).
[5] Zur Frage nach der Gegenwart der Kritischen Erziehungswissenschaft vgl. u. a. MAROTZKI oder SÜNKER u. a.
[6] Vgl. dazu WIETUSCH.

Die Kritik der Kritischen Theorie hat deshalb ihre Spitze verloren, weil ihr wesentliches Instrument, nämlich das der Ideologiekritik, hinlänglich eingesetzt und über das musikalisch ›falsche Bewusstsein‹ aufgeklärt wurde, und auch weil wesentliche Forderungen wie die berühmte pädagogische ›Wendung aufs Subjekt‹ umgesetzt wurden. Ja mehr noch: Über das bloß Negative der Kritik, also z. B. die Kritikfähigkeit, die den ›mündigen Hörer‹ auszeichnen sollte, hinaus, haben musikpädagogische Konzepte wie der Schüler-, der Handlungs- oder der Erfahrungsorientierte Musikunterricht längst die Wendung zum Positiven vollzogen, der sich Adorno so hartnäckig widersetzt hatte.

Mit anderen Worten: Der Impetus der Kritischen Theorie ist, so scheint es, lange von Theorie und Praxis der Musikerziehung aufgesaugt worden, und nur die hartnäckigsten Konservativen getrauen sich, pädagogische Positionen so zu besetzen, als habe es die Kritische Theorie nie gegeben. Damit ist aber etwas Merkwürdiges geschehen: Die Kritische Theorie, oder zumindest Teile ihres Vokabulars, wurden scheinbar problemlos in die Pädagogik integriert, obgleich doch z. B. Adorno aus seinem prinzipiellen Misstrauen gegenüber *jeglicher* Art von Erziehung nie einen Hehl gemacht hat und z. B. den Musikunterricht in der Schule als »Zwangssituation« sowohl für Lehrer als auch für Schüler charakterisiert hatte.[7] Die Schultheoretiker Jürgen Diederich und Heinz-Elmar Tenorth haben dieses Phänomen in einem ähnlichen Kontext in ironischer Hommage an Hartmut von Hentig das »Hentig-Paradoxon« genannt.[8] Die Kritik an der Schule und an der Pädagogik endet mit schöner Regelmäßigkeit wieder in einer Schule und mit einer neuen Pädagogik. Dies, so meinen die Autoren weiter, müsse aber auch so sein – Kritik an der Schule und an der Pädagogik gehört zu ihr von Anfang an, und zwar aus stabilisierenden Gründen. Die Institution Schule habe mit so vielen unerfüllbaren Ansprüchen und Überforderungen zu kämpfen, dass die Kritik geradezu eingebaut werden *müsse*, um Frustrationen erträglich zu machen. Es gibt, so die Botschaft der integrierten Kritik, eine bessere Schule in einer besseren Zukunft, und die Arbeit daran macht den Alltag erträglicher.[9]

---

[7] »Wilhelm Ehmann fragte mich, was ich als Lehrer einer Volksschulklasse oder gar als Flüchtlingsvater in einem Bunker oder Behelfsheim musikalisch anfangen würde. Ich kann mich in einem solchen Beruf schwer vorstellen, aber die Frage wirft Licht auf den Standpunkt, von dem aus gefragt wird. Es ist der von Zwangssituationen« (ADORNO, GS 14, S. 77).

[8] DIEDERICH/ TENORTH, S. 225.

[9] Andere Autoren wie MASSCHELEIN sprechen hier auch von einer »Trivialisierung der Kritik«: Kritik wird als Gestus in das System aufgenommen und damit ihr ursprünglicher Impetus neutralisiert.

Sieht man in dieser Diagnose mehr als die Ironie strukturkonservativer Erziehungswissenschaftler gegenüber ihrem reformeifrigen Kollegen, so steckt darin das Problem, von welchem Ort denn überhaupt noch eine kritische Musikpädagogik ihre Ansprüche und Gründe vortragen könnte, wenn denn Momente der Kritik selbst mittlerweile systemimmanente Elemente in Theorie und Praxis der Musikerziehung geworden sind. Ich möchte hierauf eine Antwort versuchen und ihre Brauchbarkeit an einem kleinen, aber, wie ich denke, typischen Beispiel aus dem Um- bzw. Vorfeld des Klassenmusizierens erproben: Eine kritische Theorie der Musikpädagogik kann sich heute nicht mehr auf offene oder versteckte autoritäre, vor-demokratische Gesellschaftsbilder konzentrieren, ebenso wenig wie auf die Verschleierung von Herrschaft durch regressive musikalische Produktionen. Dies soll nicht heißen, dass es beides nicht mehr geben würde, jedoch haben sich die Funktionskoordinaten von Herrschaft mittlerweile nachhaltig verschoben, ja sie sind als pure Herrschaftskoordinaten nur noch mit großer Mühe zu erkennen. Dahinter, so die hier vertretene These,[10] steckt keine besondere Perfidie einer bestimmten Gruppe von Herrschenden, sondern vielmehr die Veränderung von Herrschaft selbst, die mit den herkömmlichen Kategorien der Ideologiekritik nur noch schwer zu erfassen sind, und die daher eine Veränderung des kritischen Vorhabens insgesamt notwendig nach sich zieht.

Es muss zugestanden werden, dass der adornitische Totalverdacht, ›das Ganze sei das Unwahre‹, einem solchen Vorhaben wenig zuträglich ist. Sinnvoller erscheint vielmehr eine Modifikation der Kritischen Theorie, durch welche die Kritik sozusagen auf eine mittlere Ebene verschoben wird, die ›unterhalb‹ der theoretischen Vogelperspektive angesiedelt ist, aber dennoch das Faktische nicht als das einfach Hinzunehmende auffasst: Die grundlegende These Adornos, dass gerade wegen des Prozesses der Aufklärung die Menschen selbst erschaffenen Machtkonstellationen unterworfen sind, soll dabei nicht angerührt werden. Insoweit auch Musikpädagogik zum Projekt der Aufklärung gehört – was ich hier unterstellen möchte –, so wird sie immer auch von deren Dialektik eingeholt, die darin besteht, dass jegliche Pädagogik immer auch Ausübung von Macht ist,

---

[10] Diese These knüpft an den von Michel Foucault in die Diskussion gebrachten Begriff der »Regierung« an, mit dem das Gesamt aller Institutionen und Techniken gemeint ist, durch die Menschen gelenkt werden und sich selbst lenken (vgl. FOUCAULT 2000). Neuere »pädagogische Lektüren« Foucaults konzentrieren sich zu einem großen Teil auf diesen Begriff und seine Implikationen, nicht zuletzt, weil in Analysen der »Gouvernementalität« (Regieren – ›gouverner‹ – und Denkweise – ›mentalité‹) ein produktiver Anschluss an die Kritische Theorie gesehen wird (vgl. z. B. MASSCHELEIN oder diverse Beiträge in RICKEN/ RIEGER-LADICH).

auch und gerade, wenn sie im Namen der heranwachsenden Menschen agiert und argumentiert. Es kann also nicht darum gehen, musikpädagogische Interventionen an sich unter Pauschalverdacht zu stellen, was trivial wäre. Interessanter erscheint mir hingegen die Aufgabe, die spezifischen *Folgen* der jeweiligen, sich möglicherweise grundlegend ändernden Machtkonstellationen zu untersuchen, um erst daran zu ermessen, ob Heranwachsende »so, dermaßen und um diesen Preis«[11] musikpädagogisch gelenkt werden sollten.

Diese flexiblere, mittlere Ebene der Kritik hätte also bei einer erneuerten Lektüre der *Kritik des Musikanten* nicht die Gesamtkritik Adornos einfachhin zu übernehmen, sondern darauf zu achten, ob Ansatzpunkte zu finden sind, die zur Analyse aktueller musikpädagogischer (Regierungs-) Konstellationen beitragen können. Anders formuliert: »Wo jeder Einspruch als Feedback ins System eingespeist wird und seine Leistungsfähigkeit steigert, wo Nonkonformismus sich als avancierteste Form der Anpassung erweist, muss Kritik auf einen ›Standpunkt‹ verzichten und so flexibel werden wie ihre Gegenstände«.[12]

Dazu ein Beispiel:[13] Sowohl bei Adorno als auch in Texten, in denen das Klassenmusizieren propagiert wird, wird vom Verstehen von Musik als zentraler Zielbestimmung musikpädagogischen Handelns ausgegangen. Bei Adorno heißt es hierzu an prominenter Stelle: »Der Zweck musikalischer Pädagogik ist es, die Fähigkeiten der Schüler derart zu steigern, daß sie die Sprache der Musik und bedeutende Werke verstehen lernen; daß sie solche Werke so weit darstellen können, wie es fürs Verständnis notwendig ist«.[14]

Selbstverständlich ist hier nicht die Zeit, um Adornos Begriff des ästhetischen Verstehens näher zu entfalten. Festzuhalten ist, dass Verstehen bei Adorno nicht klassisch-hermeneutisch konzipiert ist, sondern in dem Sinne negativ-hermeneutisch, dass das Kunstwerk sich einerseits als Verstehensobjekt an- und darbietet, dass es aber gerade ein Kunstwerk dadurch ist, dass alle Verstehensversuche hartnäckig an ihm scheitern. In seinen *Aufzeichnungen zu Kafka* hat Adorno es auf die kürzeste Formel gebracht: »Jeder Satz spricht: deute mich, und keiner will es dulden«.[15] Mit anderen Worten: Das Besondere des ästhetischen Verste-

---

[11] Foucault definiert den Ursprung der Kritik als den Willen, »nicht so, nicht dermaßen, nicht um diesen Preis regiert zu werden« (FOUCAULT 1992, S. 52).
[12] BRÖCKLING u. a., S. 14.
[13] Der folgende Komplex ist ausführlicher entfaltet in VOGT 2001, 2004b und 2004c; einzelne Formulierungen sind direkte Entnahmen.
[14] ADORNO, GS 14, S. 108.
[15] ADORNO, GS 10-1, S. 255.

hens ist es, ein permanentes Nicht-Verstehen zu sein. Dieses Nicht-Verstehen führt aber nicht zur Frustration, sondern ist im Gegenteil ein Vorgang, dessen Lustgewinn darin besteht, dass sich Bekanntes und Unbekanntes, Identisches und Nicht-Identisches in einem spannungsvollen Spiel befinden. Kurzum: Musikalisches Verstehen *kann* gar nicht gelingen, weil es an Musik in diesem Sinne gar nichts zu verstehen gibt. Ziel der musikalisch-ästhetischen Erfahrung ist nicht »Verstehen-als-*Resultat*-von-Erfahrung«, sondern vielmehr »Erfahrung-als-Vollzug«. Dieser Vollzug besteht »in reiner Hingabe an das Geschehende«,[16] also im aktiven Mit- und Nachvollzug der inneren Bewegung des Musikwerks. Die eigentlich recht simple Botschaft Adornos an die Musikpädagogik lautete demnach: Ein Musikwerk erfahren heißt, es zu spielen oder aktiv zu hören, und zwar unter weitestgehender *Zurücklassung* aller präformierten Schemata, Begriffe und Erwartungen.

Auch wenn man zugesteht, dass dies eine recht zugespitzte Lesart ästhetisch-musikalischen Verstehens bzw. Nicht-Verstehens ist, so fällt doch auf, dass der musikalische Verstehensbegriff, so wie er in Gestalt der Lerntheorie Wilfried Gruhns durchgängig in Publikationen zum Klassenmusizieren zu finden ist, grundlegend anders geartet ist.[17] »Verstehen« bedeutet bei Gruhn zuallererst »Erkennen von Etwas als Etwas« und meint damit letztlich »Identifizieren«, nämlich z. B. einen Klang als Dominantseptakkord, eine Melodie als Periode etc. Wie Sie vermutlich wissen, ist dieser Verstehensbegriff lerntheoretisch begründet und neurobiologisch fundiert. Eine neue oder veränderte Repräsentation im neuronalen Netz fungiert als Beleg für stattgefundenes Lernen und dokumentiert sich dadurch, dass musikalische Strukturen wiedererkannt oder vorab imaginiert bzw. »auditiert« werden können.

Nun könnte man, was auch bereits geschehen ist,[18] eine ganze Menge gegen die neurobiologische Fundierung der Musikpädagogik sagen, was aber hier nicht in meinem Interesse liegt. Bedenklicher erscheint mir die Auffassung, man müsse im Musikunterricht »Wahrnehmungsspuren ein(schleifen), in denen musikalische Strukturen repräsentiert werden«, und dass sich solche Spuren im Gehirn »eingraben«.[19]

Das neuronale Netzwerk, von dem hier anstelle des heranwachsenden Sub-

---

[16] ADORNO, GS 15, S. 203.
[17] Vgl. z. B. FUCHS, JANK, S. 93ff., BÄHR, S. 162ff.
[18] So etwa KAISER.
[19] GRUHN 1994, S. 13.

jekts die Rede ist, entspricht in dieser Beschreibung ziemlich genau der alten empiristischen Wachstafel, in der Erziehung ihre Spuren hinterlassen soll. Im Unterschied zur Wachstafel bleibt dieses Netzwerk jedoch bis zu einem gewissen Grade weiterhin plastisch und veränderbar, aber diese Plastizität bewegt sich nur noch in einem gewissen Möglichkeitsspielraum, der von den bis dahin »eingeschliffenen Strukturen« begrenzt wird. Im Wesentlichen geht es aber um das Reaktivieren bereits vorhandener Strukturen, und diese Strukturen werden sowohl von Gruhn als auch von anderen Autoren dem klassisch-romantischen musikalischen Idiom entnommen.

Die Begründung liegt scheinbar auf der Hand: Mit irgendetwas muss man ja im Unterricht den Anfang machen, und warum dann nicht mit demjenigen musikalischen Idiom, das den meisten Schülern ohnehin schon aus ihrer Alltagserfahrung heraus bekannt ist? Obwohl es natürlich absurd wäre, diese Alltagserfahrung bei musikpädagogischen Überlegungen ignorieren zu wollen, so fragt sich doch, ob diese Entscheidung so harmlos und selbstverständlich ist, wie sie sich ausnimmt. Sie unterstellt nämlich die Analogie von Umgangssprache und musikalischer Alltagserfahrung, so dass zunächst einmal musikalische ›Sprechfertigkeit‹ im Sinne musikalischer Alltagsidiomatik erworben werden muss, damit möglicherweise später auch das Verständnis von Literatur oder Musikwerken zu leisten sein kann. Und da man die Alltagssprache imitativ erwirbt, ohne dass dabei Reflexion vonnöten sein müsste, so sind mit dieser Konstruktion die entscheidenden Weichen für eine Konzeption von Musikunterricht gestellt, die im Wesentlichen auf musikalischem Tun beruht und – möglicherweise und warum denn eigentlich nicht – durch Klassenmusizieren als zentraler Unterrichtsform realisiert werden könnte.

Im Lichte von Adornos negativ-hermeneutischem Begriff des musikalischen Verstehens gesehen, handelt es sich hier um eine merkwürdige Verkürzung, die ästhetische und nicht-ästhetische musikalische Erfahrung auseinanderreißt, um sie dann wiederum in einem Stufenbau neu zu organisieren. Das ästhetische Skandalon des nicht-gelingen-wollenden Verstehens wird auf diese Weise *neutralisiert*, da die ästhetische Erfahrung von Musik pädagogisch einem späteren Zeitpunkt bzw. einer höheren Klassenstufe zugewiesen wird, genauso, wie man zunächst einmal französische Vokabeln lernen muss, um dann in der Oberstufe Proust zu lesen. Der durch diese Konstruktion erzielte Effekt kann – in Anlehnung an neuere Herrschaftstheorien – als ›Normalisierungseffekt‹ beschrieben werden, da er darauf abzielt, im Prozess des aktiven ›Einschleifens‹ von Erfahrungsspuren eine musikalische Ordnung zu etablieren, der gegenüber dann alle anderen Ordnungen oder gar Anti-Ordnungen lediglich als Abweichungen bzw. als A-Normalität erscheinen können.[20] Musikpädagogik erweist sich so als *Normalisierungstheorie* und als *Normalisierungspraxis*, da es ihr in erster Linie gar nicht um ästhetische Erfahrung geht, sondern um ein verbessertes Lernen, dessen Effizienz sich im Funktionieren der erfolgreich etablierten Ordnung zeigt und sich in entsprechend definierten musikalischen Kompetenzen niederschlagen soll.

Eine ›Kritik des Klassenmusikanten‹ könnte nur noch schwerlich das verwendete musikalische Material als ›veraltet‹ qualifizieren, so wie Adorno dies im Hinblick auf die künstlich-regressive Musik der Jugendmusikbewegung tun konnte; entscheidender ist vielmehr, welche Rolle das Material im musikpädagogischen Prozess spielt und wie es eingesetzt wird. Soweit die Literaturlage eine solche Einschätzung zulässt, richtet sich das Klassenmusizieren lerntheoretisch auf eine materialgestützte musikalische *Normalisierung* aus, die nicht weit von einer musikalischen *Normativisierung* entfernt ist, wie sie doch eigentlich von der Musikpädagogik lange hinter sich gelassen worden ist.[21]

›Normalisierung‹ als machttheoretisch deutbarer Effekt der Gruhnschen Lerntheorie auf Theorie und Praxis des Klassenmusizierens, ist jedoch nur *einer* von einer ganzen Reihe möglicher Kritik- und Diskussionspunkte, die in einem revidierten Anschluss an Adorno aufgegriffen werden könnten. Ich nenne lediglich noch zwei andere, deren weitere Aufarbeitung mir als besonders lohnenswert erscheint:

Da wäre erstens natürlich vor allem die mittlerweile zu einem musikdidaktischen Dogma gewordene wissenschaftliche Hypothese zu nennen, das Tun besäße einen genetischen Vorrang vor dem begrifflichen Denken, und der Musikunterricht müsse diese Entwicklung sozusagen in einer Nussschale wiederholen. In der *Kritik des Musikanten* wird die Kritik an dieser Auffassung eher im Hinblick auf die Entwicklung der Gattung ›Mensch‹ durchgeführt, wonach der Drang zum Musizieren aus einer Mischung aus regressiver Motorik und einem internalisierten Zwang zur Arbeit abgeleitet wird.[22] Das Resultat bei

---

[20] Interessierte Leser seien z. B. verwiesen auf CANGUILHEM, LINK, WALDENFELS oder ROLF.

[21] Es wäre natürlich auch möglich, dass es sich hier nur um die (lern-)theoretische Legitimation einer schulischen Praxis handelt, die aus ganz anderen Gründen von Musiklehrerinnen und Musiklehrern als attraktiv angesehen wird. Dies ist aus der einschlägigen Literatur natürlich nicht zu entnehmen, sondern bedürfte anderer methodischer Zugriffsweisen.

[22] Der musikalische Tätigkeitsdrang, so Adorno, sei keineswegs eine anthropologische Konstante, sondern vielmehr »ein bloßes Derivat«, nämlich die »nach innen gewandte Notwendigkeit, zu arbeiten« (ADORNO, GS 14, S. 75). Der pure, losgelöste Spieltrieb ist regressiv an sich, »nach rückwärts gestaut, in die Kindheit« (GS 7, S. 469).

Adorno ist bekanntlich eine grundsätzlich kontemplative Ästhetik, die ohne eine starke Vergeistigung und Verinnerlichung der ästhetischen Erfahrung nicht zu denken ist. Wenn man aber wiederum diese Kritik nicht einfachhin übernimmt, sondern erneut zunächst nach den pädagogischen *Effekten* fragt, die eine solche Trennung von Tun und Denken nach sich zieht, so ließe sich vermutlich eine ganze Menge zu diesem Dogma sagen.[23]

Schließlich wäre zweitens mindestens der Frage nachzugehen, in welcher Gestalt sich die Verflechtung der Musikpädagogik mit der Musikwirtschaft im Hinblick auf das Klassenmusizieren darstellt. Im Falle der Jugendmusikbewegung ist – wie in der einschlägigen Arbeit von Johannes Hodek[24] in aller Ausführlichkeit nachzulesen ist – die Sachlage recht eindeutig: Verlage und Instrumentenhersteller profitieren nicht nur von musikpädagogischen Entwicklungen, sondern sie steuern diese Entwicklungen massiv mit. Auch im Falle des Klassenmusizierens wäre heute nicht einfach zu fragen, mit welchen ›Tricks‹ etwa die instrumenten-produzierende Musikwirtschaft ihren Kunden das Geld aus der Tasche zieht, oder wie sie durch Werbung neue Bedürfnisse schafft, die vorher gar nicht da waren – was natürlich nicht heißt, dass eine solche Untersuchung zu keinen bedeutsamen Ergebnissen führen würde. Nicht *dass* die Wirtschaft bei ihren Kunden womöglich Bedürfnisse erzeugt, die diese dann für ihre eigenen halten, ist aber die leitende Frage nach einer aktuellen musikpädagogischen »Gouvernementalität«, sondern vielmehr, *was* dies denn heute für Bedürfnisse sind, die bei Musiklehrern, bei Eltern und Schülern und auch bei Bildungspolitikern durch das Klassenmusizieren angesprochen werden. Es geht also nicht (nur) um das Ausnutzen unbewusster, aber nicht durchschauter Wünsche und auch nicht um eine etwaige handfeste Gängelung durch die Wirtschaft, sondern darum, an welchen Stellen es strukturelle Parallelen zwischen den diversen Mikro- und Makroebenen von wirtschaftlichen, bildungspolitischen und individuellen Interessen gibt, durch die erst ein Erfolg des Klassenmusizierens auf breiter Basis möglich werden könnte – womöglich sogar als Ersatz für den herkömmlichen Musikunterricht. Dies jedoch ist ein Fragenkomplex, der den Rahmen meines Beitrages bei weitem sprengen würde.

---

[23] Vgl. auch den Beitrag von B. Hofmann in diesem Band.
[24] Vgl. Hodek, besonders Kapitel IV, V. 2 (zum Verhältnis von Jugendmusikbewegung und Bärenreiter-Verlag) und V. 3 (zur Jöde-Bewegung und der Matthias Hohner AG).

Literatur

ADORNO, THEODOR W. (1997): *Gesammelte Schriften*, hg. v. TIEDEMANN, ROLF. Frankfurt a. M.

BÄHR, JOHANNES (2005): Klassenmusizieren, in: JANK, WERNER (Hg.) (2005): *Musik-Didaktik. Praxishandbuch für die Sekundarstufe I und II.* Berlin, S. 159ff.

BENNER, DIETRICH (u. a., Hg.) (2003): Kritik in der Pädagogik. Versuche über das Kritische in Erziehung und Erziehungswissenschaft, in: Zeitschrift für Pädagogik 46. Beiheft. Weinheim

BRÖCKLING, ULRICH/ KRASMANN, SUSANNE/ LEMKE, TH. (2004): Einleitung, in: BRÖCKLING, ULRICH (u. a., Hg.): *Glossar der Gegenwart*. Frankfurt a. M., S. 9ff.

CANGUILHEM, GEORGES (1974): *Das Normale und das Pathologische (1943)*, München

DIEDERICH, JÜRGEN/ TENORTH, HEINZ-ELMAR (1997): *Theorie der Schule*. Frankfurt a. M.

FOUCAULT, MICHEL (1992): *Was ist Kritik?* Berlin

DERS. (2000): Die Gouvernementalität, in: BRÖCKLING, ULRICH (u. a., Hg.): *Gouvernementalität der Gegenwart*. Frankfurt a. M., S. 41ff.

FUCHS, MECHTHILD (1998): Musizieren im Klassenverband – der neue Königsweg der Musikpädagogik?, in: Musik und Unterricht 49, S. 4ff.

GRUHN, WILFRIED (1994): Musiklernen. Der Aufbau musikalischer Repräsentationen, in: OLIAS, GÜNTHER: *Musiklernen – Aneignung des Unbekannten* (= Musikpädagogische Forschung, Bd. 15). Essen, S. 9ff.

DERS. (1998): *Der Musikverstand. Neurobiologische Grundlagen des musikalischen Denkens, Hörens und Lernens.* Hildesheim

HODEK, JOHANNES (1977): *Musikalisch-pädagogische Bewegung zwischen Demokratie und Faschismus. Zur Konkretisierung der Faschismus-Kritik Th. W. Adornos.* Weinheim u. a.

JANK, WERNER (Hg.) (2005): *Musik-Didaktik. Praxishandbuch für die Sekundarstufe I und II.* Berlin

KAISER, HERMANN J. (2004): Wieviel Neurobiologie braucht die Musikpädagogik? Fragen – Entwürfe – Verständigungsversuche, in: PFEFFER, MARTIN/ VOGT, JÜRGEN (Hg.) (2004): *Lernen und Lehren als Thema der Musikpädagogik. Sitzungsbericht 2002 der Wissenschaftlichen Sozietät Musikpädagogik* (= Wissenschaftliche Musikpädagogik, Bd. 1). Münster, S. 16ff.

LINK, JÜRGEN (1998): *Versuch über den Normalismus. Wie Normalität produziert wird.* Opladen

MAROTZKI, WINFRIED (Hg.) (1992/1993): *Kritische Erziehungswissenschaft – Moderne – Postmoderne*, 2 Bde. Weinheim

MASSCHELEIN, JAN (2003): Trivialisierung von Kritik. Kritische Erziehungswissenschaft weiterdenken, in: BENNER, DIETRICH (u. a., Hg.) (2003): *Kritik in der Pädagogik. Versuche über das Kritische in Erziehung und Erziehungswissenschaft*, in: Zeitschrift für Pädagogik 46. Beiheft. Weinheim, S. 124ff.

Pfeffer, Martin/ Vogt, Jürgen (Hg.) (2004): *Lernen und Lehren als Thema der Musikpädagogik. Sitzungsbericht 2002 der Wissenschaftlichen Sozietät Musikpädagogik* (= Wissenschaftliche Musikpädagogik, Bd. 1). Münster

Pongratz, Ludwig A. (u. a., Hg.) (2004): *Kritik der Pädagogik – Pädagogik als Kritik*. Opladen

Ricken, Norbert/ Rieger-Ladich, Markus (Hg.) (2004): *Michel Foucault: Pädagogische Lektüren*. Wiesbaden

Rolf, Thomas (1999): *Normalität. Ein philosophischer Grundbegriff des 20. Jahrhunderts*. München

Stroh, Wolfgang Martin (2002): *Die »kritische ästhetische Erziehung« in der alten Bundesrepublik – am Beispiel der Musik*, in: Musik in der Schule 3, S. 46ff.

Sünker, Heinz (u. a., Hg.) (1999): *Kritische Erziehungswissenschaft am Neubeginn?* Frankfurt a. M.

Vogt, Jürgen (2001): *Der schwankende Boden der Lebenswelt. Phänomenologische Musikpädagogik zwischen Handlungstheorie und Ästhetik*. Würzburg

Ders. (2004a): *(K)eine Kritik des Klassenmusikanten. Zum Stellenwert Instrumentalen Musikmachens in der Allgemeinbildenden Schule*, in: Zeitschrift für Kritische Musikpädagogik, <http://home.arcor.de/zf/zfkm/vogt7.pdf>

Ders. (2004b): *Musik-Lernen im Kontext von Bildung und Erziehung. Eine Auseinandersetzung mit W. Gruhns »Der Musikverstand«*, in: Pfeffer, Martin/ Vogt, Jürgen (Hg.) (2004): *Lernen und Lehren als Thema der Musikpädagogik. Sitzungsbericht 2002 der Wissenschaftlichen Sozietät Musikpädagogik* (= Wissenschaftliche Musikpädagogik, Bd. 1). Münster, S. 42ff.

Ders. (2004c): *Ästhetische Erfahrung als Fremdheitserfahrung oder: Was kann die Interkulturelle Musikpädagogik von Adorno lernen?*, in: welt@musik – Musik interkulturell, hg. v. Institut für Neue Musik und Musikerziehung Darmstadt, Bd. 44. Mainz, S. 304ff.

Waldenfels, Bernhard (1998): *Grenzen der Normalisierung. Studien zur Phänomenologie des Fremden 2*. Frankfurt a. M.

Wietusch, Bernd (1981): *Die Zielbestimmung der Musikpädagogik bei Theodor W. Adorno. Darstellung und kritische Reflexion der Kritik an der musikpädagogischen Position Adornos. Ein Beitrag zur Adorno-Rezeption in der Musikpädagogik*. Regensburg

Bernhard Hofmann (Regensburg)

Musik machen – Wissen erwerben

Neuere musikdidaktische Publikationen rekurrieren auf den seit langem bekannten Zusammenhang zwischen »Handeln« und »Lernen«. Gestützt auf Ergebnisse aus Hirn- und Unterrichtsforschung wird geltend gemacht, dass Erwerb, Aufbau und Speicherung musikalischen und musikbezogenen Wissens *nur* auf der Basis musikalischen Handelns Erfolg und Nachhaltigkeit verspricht. Musik-Lernen in der Schule, so die Konsequenz, müsse daher stets mit Musik-Machen einhergehen.

(Musik-) »Handeln« und (Musik-) »Lernen«, dies lässt sich als Dreh- und Angelpunkt der Argumentationen ausmachen, sind zueinander in ein bestimmtes Verhältnis gesetzt, auf dem systematisch geordnete, gesetzesartige Aussagen für die Planung und Durchführung von Musikunterricht fußen. Diese Aussagen sollen Auskunft auf Fragen aus der Unterrichtspraxis geben, sollen klären, welche Handlungen (Musik-) Lernen initiieren, welche Handlungen (Musik-) Lernen begünstigen, welcher Art jene Handlungen sind, bei denen sich (Musik-) Lernen optimal vollziehen kann. Vorausgesetzt, man versteht »Musikdidaktik« als Theorie von Musikunterricht, wird jene Relation von »Handeln« und »Lernen« folglich konstitutiv für die Entwicklung musikdidaktischer Theoreme und gewinnt damit weitreichende Bedeutung für die Durchführung von Musikunterricht. Publikationen zu entsprechenden konzeptionellen Entwürfen und methodischen Vorgaben liegen vor.[1]

Wie stellt sich jene Relation von »Lernen« und »Handeln« dort im Einzelnen dar? Dieses Vorhaben könnte damit beginnen, sich zunächst in der Historie des Nachdenkens über »Lernen« und »Handeln« Rat zu holen und dort nachzusehen, welche Fassungen und Facetten der Termini im Laufe der Zeit geprägt und entfaltet worden sind. In einem zweiten Schritt könnte dann geprüft werden, ob bzw. in welcher Weise Musikdidaktik von jenen Überlegungen beeinflusst wurde. Doch dieses Verfahren stieße schnell an Grenzen, wie ein Beispiel zeigen kann. »Handeln« und »Praxis« stehen in vielen musikdidaktischen Texten

---

[1] Vgl. BÄHR (u. a.) und JANK.

als Synonyme. Das indes, darauf hat Jürgen Vogt aufmerksam gemacht,[2] steht quer zu jenem Handlungsbegriff, den Aristoteles in der *Nikomachischen Ethik* entwickelt.[3] Ausgehend von der Überlegung, dass jedes sinnvolle Tun zielgerichtet ist, differenziert Aristoteles zwischen Handlungen, deren Ziel im Vollzug selbst liegt, und Handlungen, deren Ziele sich als Produkte jenseits des Tuns realisieren. Aristoteles spricht im ersten Fall von *praxis* (Verrichtung, Handlungsweise), im zweiten von *poiesis* (Machen, Hervorbringen, schöpferische Tätigkeit). In diesem Verständnis sind »Handeln« und »Praxis« also keineswegs bedeutungsgleich.[4]

Hinzu kommt ein methodisches Problem. Es wäre fragwürdig – und wohl auch unergiebig –, Schriften vor dem Hintergrund von Traditionen zu deuten, in den sich jene Texte womöglich weder einfügen wollen noch einfügen lassen. Auch stellt sich die Frage, ob nicht der Konsistenz von Argumenten zunächst höheres Interesse gelten solle als deren Herkunft. Insoweit soll der Versuch unternommen werden, das Verhältnis von »Handeln« und »Lernen« nicht historisch-hermeneutisch, sondern logisch-analytisch zu bestimmen. Angestoßen ist das von einer ertragreichen Arbeit, die Matthias Flämig vorgelegt hat.[5] Es geht darin um die Grammatik des Wortes »Lernen«, wobei sich Flämig auf Erkenntnisse des sprachanalytischen Philosophen Gilbert Ryle beruft.

Nehmen wir an, eine Musiklehrkraft käme in der großen Pause ins Lehrerzimmer und bekundete:

(1) »Die Kinder in der 6b haben einen Mitspielsatz musiziert!«

Das Wort »musizieren« beschreibt Vorgänge, die bei der Musikausübung sicht- und hörbar sind, mithin bestimmte Handlungen. G. Ryle nennt jene Wörter, die Episoden beschreiben, »Ereigniswörter«[6] – andere Beispiele wären schießen, reisen, suchen.

Eines Tages kommt dieselbe Musiklehrkraft freudestrahlend ins Lehrerzimmer und ruft:

---

[2] Vgl. Vogt.
[3] Vgl. Aristoteles.
[4] Dass ich mich einer Auffassung von »Handeln« im Musikunterricht anschließen möchte, die jene *poietische* Seite einschließt, soll durch die Überschrift zum Ausdruck kommen: »Musik machen« möge als musikalisches Handeln verstanden werden, das sich, in pädagogischer Absicht und Verantwortung, auch und insbesondere auf schöpferische Prozesse richtet.
[5] Vgl. Flämig.
[6] Ryle.

(2) »Die Kinder in der 6b haben den Mitspielsatz fehlerfrei musiziert!«

Auch dieser Satz beschreibt eine Episode, das Kriterium »fehlerfrei« aber hebt den Satz deutlich von Satz (1) ab. Ryle spricht in diesem Fall von »Erfolgswörtern«; der Unterschied zwischen Ereignis- und Erfolgswörtern wird deutlich an Wortpaaren wie »schießen«/»treffen«, »reisen«/»ankommen«, »suchen«/»finden«.

Offenkundig beruht die Fähigkeit der 6b, den Mitspielsatz nun fehlerfrei zu musizieren, auf Vorgängen, die wir »Lernen« nennen. So kann man Satz (2) umformulieren zu:

(2a) »Die Kinder in der 6b haben gelernt, den Mitspielsatz fehlerfrei zu musizieren!«

Worterklärungen aus Psychologie und Erziehungswissenschaft folgend, bezeichnet »Lernen« bestimmte Vorgänge, genauer: solche Prozesse, die zu Verhaltensänderungen[7] bzw. Wissenserwerb führen.[8] Diese Kriterien sind gegeben: Daran, dass die Kinder den Mitspielsatz fehlerfrei musizieren konnten, zeigt sich, dass sie ihr Verhaltensrepertoire geändert bzw. Wissen erworben haben. Insoweit fiele »Lernen« in die Klasse der »Erfolgswörter« im Ryle'schen Sinne.[9]

»Lernen« bezeichnet, den oben zitierten Worterklärungen folgend, gewisse »Vorgänge«. Zählt »Lernen« damit zur Klasse der »Ereigniswörter«? Die Antwort darauf führt uns zur Frage, wie wir Behauptungen bestimmter Episoden verteidigen. Ein Satz wie

(3) »Die Schüler spielen gerade auf Boomwhackers!«

---

[7] »Lernen umfaßt alle Verhaltensänderungen, die aufgrund von Erfahrungen zustandekommen. Solche Änderungen schließen nicht nur die Aneignung neuer Informationen ein, sondern auch die Veränderungen des Verhaltens, deren Ursachen unbekannt sind. Andererseits sind in dieser Definition Veränderungen ausgeschlossen, die aufgrund von Reifevorgängen (genetisch vorbestimmten Änderungen), künstlichen chemischen Änderungen wie z. B. Konsequenzen der Einnahme von Drogen, oder vorübergehenden Veränderungen, z. B. durch Ermüdung, entstehen« (G. LEFRANCOIS, S. 3f.).

[8] »Unter Lernen verstehen wir alle nicht direkt zu beobachtenden Vorgänge in einem Organismus, vor allem in seinem zentralen Nervensystem (Gehirn), die durch Erfahrung (aber nicht durch Reifung, Ermüdung, Drogen o. ä.) bedingt sind und eine relativ dauerhafte Veränderung bzw. Erweiterung des Verhaltensrepertoires zur Folge haben« (KRÜGER/ HELSPER 2002, S. 97).

[9] Da es mir vorliegend darum geht, fundamentale grammatische Unterschiede zwischen »handeln« und »lernen« herauszustellen, gehe ich auf die Frage, welcher Wortklasse »lernen« angehört, hier nicht weiter ein. Vgl. hierzu RYLE, S. 196ff. und FLÄMIG.

lässt sich unschwer verifizieren, nämlich dadurch, dass man auf Schüler zeigt, die gerade auf Boomwhackers spielen. Die Behauptung

(4) »Die Schüler lernen gerade!«

hingegen lässt sich auf diese Weise nicht verteidigen. Da der Vorgang des Lernens, anders als der Vorgang des Handelns, nicht direkt beobachtbar ist, kann die Behauptung, die Kinder lernten gerade, nicht an einer bestimmten gegenwärtigen Handlung verifiziert werden. Es bleibt nur der Ausweg, das gewissermaßen vom Ergebnis her zu bestimmen, und zwar durch den Hinweis darauf, dass die Kinder fähig geworden sind, eine Klasse von Handlungen in bestimmter Art und Weise auszuführen, etwa fehlerfrei zu musizieren. Sobald die Kinder also gelernt haben, fehlerfrei zu spielen, so können sie diese Fähigkeit auf Anforderung auch unter Beweis stellen; andernfalls müsste man die Behauptung zurücknehmen und z. B. davon reden, dass die Schüler verlernt hätten, fehlerfrei zu spielen. Die Zuschreibung von »Lernen« ist also abhängig von der Evidenz eines Lernergebnisses. Das Wort »Lernen« lässt sich nur nachträglich auf bestimmte Vorgänge beziehen. Als »Ereigniswort« im Ryle'schen Sinne kommt »Lernen« also nicht in Betracht, auch wenn wir in unserer Alltagssprache daran gewöhnt sind, »Lern-Episoden« zu konstruieren (»Er lernt gerade seine Latein-Vokabeln!«).

Wesentliche Unterschiede zwischen »Handeln« und »Lernen« bestehen also erstens in der empirischen Zugänglichkeit jener Prozesse, die diese Wörter bezeichnen, und zweitens in den unterschiedlichen Wortklassen, denen sie angehören. Anders gewendet: Handlungsepisoden fallen nicht notwendig mit Lernepisoden zusammen. Von daher wäre die Annahme einer Gleichung »Handeln = Lernen« irrig.

Was haben diese Überlegungen mit Musikmachen und -lernen in der Schule zu tun? Um dem möglichen Einwand zu begegnen, hier würden mehr oder weniger hohe Drehzahlen im akademischen Leerlauf vorgeführt, ohne in das Getriebe der Unterrichtspraxis einzukuppeln, soll nun jenem Verhältnis von »Handeln« und »Lernen« in Lerngeschichten nachgegangen werden. Damit sind Schilderungen von Handlungen gemeint, die auf ein bestimmtes Lernergebnis bezogen werden, sei es in deskriptiver Form (»Durch diese und jene Handlung haben Schüler besonders gut und viel gelernt!«) oder in normativer Form (»Musikunterricht soll diese und jene Handlungsmöglichkeiten aufweisen, die so und so zu arrangieren sind!«).

I. Lernen ohne Handeln?

Das »Patternspiel« entnehme ich der sehr empfehlenswerten Schrift *Musikdidaktik*, die Werner Jank kürzlich vorgelegt hat.[10] Das Spiel hat folgende Regeln: Der Lehrer spricht eintaktige Patterns im Viervierteltakt auf neutralen Silben vor und deutet dabei auf sich. Am Ende des Patterns weist er auf die Schüler und gibt ein Zeichen für deren Einsatz zum Nachsprechen. In einem weiteren Schritt wird ein Pattern zum »Spezialpattern« erklärt. Der Lehrer macht weiterhin verschiedene Patterns vor, die Schüler sprechen ihm nach. Wenn der Lehrer aber das »Spezialpattern« einstreut, dürfen die Schüler es *nicht* wiederholen, sondern müssen schweigen. Falls die Schüler das fertig bringen, bekommt die Klasse einen Punkt, andernfalls der Lehrer.[11]

Die Kinder beteiligen sich, so die Schrift, gerne an solchen Spielen, zumal sie »nach einigen Wochen den Lehrer besiegen können«[12]. Das Ergebnis: »Nachdem das Spiel einige Minuten gespielt wurde, haben alle Schüler das spezielle Pattern sehr gut geübt, da sie es ja ständig im Gedächtnis halten mussten. Jetzt kann und sollte man es zum Musikmachen verwenden«.[13]

Eine meines Erachtens glänzende Spielidee, eine Methode, die ebenso motivierend wie zielführend sein kann. Kinder üben in diesem Spiel das Spezialpattern in der Tat sehr gut! Es stellt sich aber die Frage, wie es denn zu diesen überzeugenden Ergebnissen kommt.

Vielleicht würden die Autoren darauf so antworten:

Diese Spielbeschreibung stellt ein Beispiel für Musikunterricht dar, der sich dadurch auszeichnet, dass er auf der Basis musikalischen Handelns, genauer: durch das Zusammenspiel dreier »Grundbereiche musikalischen Handelns« (sich zur Musik bewegen, Hören, Klänge erzeugen und gestalten) musikalische Fähigkeiten aufbaut.[14] Diese drei Grundbereiche gehören »im Kindesalter untrennbar zusammen«,[15] in ihnen entfaltet sich die Entwicklung musikalischer Fähigkeiten. Analog

---

[10] JANK, S. 108f.
[11] Dass hier, lerntheoretisch gesehen, Verhaltensänderungen durch instrumentelles bzw. operantes Konditionieren bewirkt werden könnten, weil das gewünschte Verhalten als Instrument zur Belohnung dient bzw. bestimmte Handlungen ausgeführt werden müssen, um eine positive Verstärkung zu erhalten (einen Punkt bekommen, den Lehrer besiegen), bleibt vorliegend außer Betracht.
[12] JANK, S. 108.
[13] Ebd., S. 109.
[14] Ebd., S. 75 und S. 101.
[15] Ebd., S. 75.

zu diesem Modell soll Lernen arrangiert werden, »musikalische Lernprozesse« sollen also »vom Zusammenspiel der drei Grundbereiche musikalischen Handelns ausgehen«.[16] Jenes Handeln, respektive jenes Zusammenspiel, zeigt sich im genannten Beispiel geradezu musterhaft: Die Kinder hören die Patterns, bewegen sich beim Nachsprechen (Atemmuskulatur, Stimmlippen, Kiefer, Zunge, Lippen), erzeugen Klänge. Das Lernergebnis zeigt sich daran, dass die Schüler imstande sind, das Spezialpattern auszuführen, und an dieser Verhaltensänderung kann man sehen, dass Erwerb von Wissen, »Lernen« stattgefunden hat.

Sich-Bewegen, Hören, Klänge gestalten: Sind es diese Handlungen, sind es diese drei Praxisfelder, die in ihrem Zusammenspiel das Lernen hinsichtlich des Spezialpatterns bewirkten? Die Lerngeschichte berichtet Anderes. Die Kinder durften, so die Spielregel, sich ja gerade *nicht* bewegen, durften keine Klänge gestalten, mussten schweigen. Folglich konnte es im Hinblick auf das Spezialpattern zu einem Zusammenspiel von Hören, Bewegen, Gestalten nicht kommen, und trotzdem wurde gelernt, ja mehr noch: »besonders gut« gelernt! Wie löst sich dieser Widerspruch?

Die Autoren wählen den Ausweg, indem sie von einem Zusammenspiel der drei Grundbereiche musikalischen Handelns nun nicht mehr reden. Die Schüler, so lautet die Erklärung, hätten das Spezialpattern sehr gut geübt, weil »sie es ja ständig im Gedächtnis halten mussten«.[17] Falls diese Lösung zuträfe, so wäre der Konflikt noch nicht behoben. Denn man müsste nun behaupten, der Aufbau musikalischer Fähigkeiten sei bedingt durch Gedächtnisleistungen. Demzufolge hätte man nicht von drei, sondern von wenigstens vier Grundbereichen musikalischen Handelns zu reden, und man müsste insoweit als Basis des Aufbaus musikalischer Fähigkeiten das Zusammenspiel von Hören, Bewegung, Gestaltung und Im-Gedächtnis-Behalten deklarieren. Etwas stimmt hier also nicht, entweder die Lerngeschichte oder die Lerntheorie.

Vielleicht bietet jene Strategie eine Lösung, die »Lernen« als Aufbau von Wissen, von mentalen Repräsentationen fasst? Auf der Basis dieser Lerntheorie würde die Antwort etwa lauten: Beim Hören des »Spezialpatterns« organisieren sich bestimmte Hirnareale in spezifischer Weise um (= Lernen), der Rhythmus wird gewissermaßen als Abbild im Hirn gespeichert (= mentale Repräsentation). Dadurch, dass sich die Kinder das »Spezialpattern« ständig innerlich vorstellen, bleiben jene Hirnareale ständig aktiviert, und das führt zum beobachteten Lernergebnis. Doch auch diese Erklärung ist unvollständig. Denn erstens stellt sich die Frage, ob die

[16] Ebd.
[17] Ebd., S. 109.

Schüler *während* der Ausführung der »normalen« Patterns sich *gleichzeitig* das Spezialpattern vorstellen können. Man überprüfe das einmal im Selbstversuch: an ein Pattern denken und dabei ein anderes sprechen – ! Und zweitens würde sich die Frage erheben, wodurch denn diese Gedächtnisleistung ihrerseits gesteuert und bewirkt werde. Sicherlich wird niemand annehmen, dass das Gehirn in Eigenregie auf einer okkulten Bühne Handlungen ausführt oder dass gar ein im Schädel verborgener *homunculus* die Steuerung übernimmt. Und so wäre die Frage nur beantwortbar, falls man in unzulässiger Weise die unbestrittene Behauptung einer *Disposition* (es ist eine Eigenschaft des Gehirns, in spezifischer Weise auf neuronale Reize zu reagieren) zur Behauptung einer *Kausalität* umböge.[18]

Zur Lösung des Dilemmas möchte ich vorschlagen, die Spielregeln zu rekonstruieren: Wie muss ich als Schüler handeln, um dieses Spiel zu gewinnen? Die einfachste Variante wäre natürlich, immer stumm zu bleiben. Diesen Ausweg würde der Lehrer vermutlich sofort verbauen und die Spielregel ändern: Wenn der Lehrer das Spezialpattern *nicht* vormacht und die Schüler *trotzdem* schweigen, bekommt der Lehrer einen Punkt!

Nehmen wir an, es kämen im Spiel nur eintaktige Patterns im Viervierteltakt vor, die keine Synkopierungen enthalten und ausschließlich aus Vierteln und/oder Achteln bestehen. Das Spezialpattern sei

.

Als Schüler muss ich über ein Kalkül verfügen, das mir zuverlässig Auskunft darüber gibt, ob es sich bei dem, was der Lehrer vormacht, um das Spezialpattern handelt oder nicht. Ich muss daher erstens die Struktur des Spezialpatterns analysieren, etwa dadurch, dass ich den vier Zählzeiten bestimmte Dauern zuschreibe (z. B.: »lang-lang-lang-kurz-kurz!«), ich muss zweitens auf die neuen Patterns des Lehrers horchen, diese drittens auf ihre Struktur hin prüfen und diese viertens mit der Struktur des Spezialpatterns vergleichen. Ein Spiel, das Aufmerksamkeit, Konzentration und die Fähigkeit zu flinker analytischer Leistung einfordert! Zwar könnte es dazu kommen, dass bereits die erste Zählzeit nicht übereinstimmt (»kurz-kurz-lang-lang-kurz-kurz«), was dann für Entwarnung sorgt, es könnte aber auch sein, dass es sich erst bei der vierten Zählzeit entscheidet, ob das Spezialpattern erklingt. Kurz: Nicht »Praxis« im Zusammenspiel von Hören, Bewegen und Gestalten, nicht »Im-Gedächtnis-Behalten«, sondern permanentes Zusam-

[18] Vgl. Ryle.

menspiel von Hören und Analysieren bildet hier jene Basis, auf der sich Lernen vollziehen kann.

II. (Musik-) »Praxis« vor (Musik-) »Theorie«?

Im Kern mehrerer musikdidaktischer Publikationen findet sich eine Auffassung, die sich – reduziert und plakativ ausgedrückt – auf die Parole »(Musik-) Praxis vor (Musik-) Theorie« bringen lässt. In einem Text von Bähr u. a. begegnet diese Auffassung in folgender Variante:

»Musikkunde und -lehre, Analyse und verbale Interpretation sind Mittel zur Vertiefung musikalischer Erfahrung und zur Weiterentwicklung musikalischer Praxen – keinesfalls ihr Ausgangspunkt«.[19]

Was heißt »Analyse und verbale Interpretation«? Vermutlich ist, dem üblichen Wortgebrauch im Fach entsprechend, die Entschlüsselung und Ausdeutung musikalischer bzw. musikbezogener Sinnzusammenhänge sowie deren sprachliche Darstellung gemeint. Darin sehen die Autoren zu Recht »Mittel zur Vertiefung musikalischer Erfahrung und zur Weiterentwicklung musikalischer Praxen«. Daran schließen sie, didaktisch gewendet, ein Plädoyer zugunsten einer Reihenfolge, eines methodischen Gangs an, der im Musikunterricht bestimmend sein soll: Nur im Nachgang musikalischer Praxen soll Musik analysiert und verbal interpretiert werden!

Dieses Postulat richtet sich vermutlich gegen jene immer noch verbreitete und offenbar unausrottbare Form schulischen Musikunterrichts, die sich durch »Besprechen« elementarer Musiklehre, Aufsagen und Aufschreiben von Notennamen, Intervallen, Tonleitern, Dreiklangsumkehrungen konstituiert. Leider nicht auszuschließen ist es, dass noch immer Schüler im schulischen Musikunterricht über öden Aufgaben brüten (»Schreibe eine Kadenz I-IV-I-V-I in allen Umkehrungen; gleiche Töne bleiben in der gleichen Stimme liegen«). Falls es also darum geht, solche Deformationen in unserem Fach zu missbilligen, ist den Autoren die Zustimmung aller Sachkundigen gewiss.

Allerdings halte ich die Grundlage der Argumentation, nämlich jene apodiktische Unterscheidung von »(Musik-) Praxis« und »(Musik-) Theorie« und die daraus gezogene methodische Norm für Musikunterricht, für nicht belastbar. Ich möchte das zunächst an der Rede von »Praxis« zeigen. Wie erklären die Autoren diesen Begriff?

---

[19] Bähr u. a., S. 35.

»Den Begriff ›Praxis‹ verstehen wir [...] als Gestaltung von Musik im engeren Sinn, darüber hinaus aber auch im weiteren Sinn als Handeln, das sich in verschiedenen Aspekten auf Musik bezieht (etwa tanzen, zur Musik malen, eine Zeichnung in Musik umsetzen, szenische Interpretation, Musikkritiken durchleuchten usw.).«[20]

Sicherlich ist es erlaubt, das so zu lesen: »Mit dem Begriff ›Praxis‹ im engeren Sinn bezeichnen wir Gestaltung von Musik, im weiteren Sinn jenes Handeln, das sich in verschiedenen Aspekten auf Musik bezieht (etwa tanzen, zur Musik malen, eine Zeichnung in Musik umsetzen, szenische Interpretation, Musikkritiken durchleuchten usw.).«

»Musikkritiken durchleuchten« ist gewiss als Metapher gemeint, sie steht vermutlich für »Musikkritiken lesen«, »exzerpieren«, »vergleichen«, »erklären«, »deuten«, »bewerten«. Was aber unterscheidet diese Tätigkeiten von »Analyse und verbaler Interpretation«? Falls man die Auffassung teilt, dass sich Sinnerschließung und Auslegung exakt durch solche Handlungen manifestieren und auszeichnen, lautet die Antwort: Gar nichts. Wenn nun aber kein Unterschied zwischen »Musikkritiken durchleuchten«, »verbal interpretieren« und »analysieren« besteht, dann müsste, der Erklärung der Autoren folgend, »Analyse und verbale Interpretation« unter das Genus »Praxis«, genauer »Praxis im weiteren Sinne« fallen.

Das bleibt freilich nicht ohne Auswirkungen für die weitere Argumentation. Denn dass »Analyse und verbale Interpretation« als *Praxen* einen *Ausgangspunkt* und zugleich *keinesfalls* einen Ausgangspunkt zur Weiterentwicklung musikalischer Praxen darstellen sollen, ist logisch nicht nachvollziehbar.

Diese Problematik lässt sich aber leicht vermeiden, indem man »(Musik-) Praxis« als Bezeichnung für Formen der Musikausübung, etwa Singen, Spielen auf Instrumenten, Tanz, Bewegung usw. gebraucht.[21] Damit bleibt jedoch offen, wie es um »Analyse« und »verbale Interpretation« steht, inwiefern diese Handlungen für (Musik-) Lernen überhaupt relevant sind, wie sie sich im Musikunterricht in ein begründetes Verhältnis zu (Musik-) Praxis darstellen. Setzt Analyse und verbale Interpretation Musikausübung voraus? Kennt der Weg im Musikunterricht nur eine Richtung, nämlich vom »Musik machen« zum »Wissen erwerben«? Ich möchte abschließend versuchen, auf diese Frage einzugehen, indem ich »Musik« näher in den Blick nehme.

Musik ist immer sozial und historisch eingelassen; sie steht im Rahmen ge-

---

[20] BÄHR u. a., S. 31.
[21] Vgl. JANK, S. 21.

sellschaftlicher und geschichtlicher Kontexte. Falls sich Musikunterricht dem Gegenstand »Musik« in diesem Sinne widmen will – und das sollte Musikunterricht in allgemeinbildenden Schulen nicht unterlassen –, so wird er nicht allein Fähigkeiten der Musikausübung, sondern Wissen über Genese, Intentionen, Kontexte und Funktionen von Musik vermitteln. Jene Wissensbestände sind aufgrund ihrer Art und Struktur nicht ersetzbar durch Fähigkeiten, wie sie im Singen, Spielen und Tanzen erworben werden können. »Musik machen« und »Wissen erwerben« stehen daher in einem komplementären Verhältnis. Wissen, das durch Analyse und verbale Interpretation erworben wird, kann fraglos musikalische Erfahrungen erweitern und vertiefen, aber das gilt – *mutatis mutandis* – auch umgekehrt: Musik-Wissen kann dazu dienen, Musik-Ausübung zu initiieren, Musik-Praxis zu fördern, Musik-Machen zu motivieren.

Nehmen wir an, eine Lehrkraft wollte mit Schülern einer 6. Jahrgangsstufe das Lied »Ich komme schon durch manches Land« (L. v. Beethoven/J. W. v. Goethe) singen. Einige Autoren schlagen vor, dieses Vorhaben mit »Patternübungen zur Tonhöhenvorstellung (Audiation im Sinne von Edwin E. Gordon)«, »Stimmübungen« und »Arbeiten am Stimmausdruck« zu beginnen.[22] Ist dieser methodische Gang tatsächlich aussichtsreich? Muss man nicht befürchten, mit solchen, womöglich schematisch festgelegten Methoden das Gegenteil des Gutgemeinten zu bewirken, nämlich Singunlust, Ablehnung, Heiterkeit bei den Kindern? Was spricht gegen eine Einführung des Liedes über eine Erklärung zum historisch-sozialen Kontext? Ein Vorschlag wäre, an zeitgenössischen Dokumenten, einer Geschichte[23] oder an einem Bild etwa,[24] den Schülern die Situation bettelnder Savoyardenbuben vor Augen zu führen, die im 19. Jahrhundert mit ihren Murmeltieren durch Europa zogen, weil in ihrer Heimat bittere Not und Armut herrschten. Dieses Wissen kann helfen, ein Lied, das den Kindern fern liegt, näher zu bringen, dieses Wissen kann Schülern beim Aufbau ihrer »Singhaltung«[25] helfen: Sie finden im »Lied des Savoyardenknaben« ein historisches Gegenüber, einen Jungen ihres Alters, dem nichts anderes übrig bleibt, als um sein Leben, um seine Existenz zu spielen und zu singen.

Eine Auffassung, die (Musik-) »Theorie« gegen (Musik-) »Praxis« im Musikunterricht ausspielt, eine Polemik, die »analytisch-interpretierende[n] Zugang zu Musik« auf »triviale[n] Ebenen eines unverbindlichen Laiengesprächs über

---

[22] BÄHR u. a., S. 34. Vgl. hierzu die kritische Stellungnahme von W. M. STROH.
[23] Vgl. KÖRBER 1863.
[24] WILHELM LEIBL: *Schlafender Savoyardenknabe* (1869).
[25] STROH, S. 6.

Musik«[26] sieht, verkennt daher, dass jene analytisch-interpretierenden Verfahren wertvolle Potentiale für eine sach- und schülergerechte Musikpädagogik bergen. Schulischer Musikunterricht sollte daher Schülern nicht nur umfassende Möglichkeiten zum Musik-Machen bieten, sondern stets auch die Chance, historische und soziale Kontexte von Musik kennen zu lernen: Musikwissen, das sie für sich und für ihre Musik-Praxis als relevant erfahren können.

Literatur

ARISTOTELES (1998): *Nikomachische Ethik*. Aus dem Griechischen und mit einer Einführung und Erläuterung versehen von Olof Gigon. 3. Aufl. München

BÄHR, JOHANNES/ GIES, STEFAN/ JANK, WERNER/ NIMCZIK, ORTWIN (2003): *Kompetenz vermitteln – Kultur erschließen. Musiklernen in der Schule*, in: Diskussion Musikpädagogik 19, S. 26ff.

FLÄMIG, MATTHIAS (2004): *»Ich habe den ganzen Nachmittag gelernt und doch nicht gelernt!« Zur Grundlegung einer musikalischen Lerntheorie der normalen Sprache*, in: PFEFFER, MARTIN/ VOGT, JÜRGEN (Hg.) (2004): *Lernen und Lehren als Thema der Musikpädagogik. Sitzungsbericht 2002 der Wissenschaftlichen Sozietät Musikpädagogik* (= Wissenschaftliche Musikpädagogik, Bd. 1). Münster, S. 81ff.

JANK, WERNER (Hg.) (2005): *Musikdidaktik. Praxishandbuch für die Sekundarstufe I und II*. Berlin

KÖRBER, PHILIPP (1863): *Der Savoyardenknabe mit dem Murmeltier*, in: DERS.: *Hundert kleine moralische Erzählungen für gute Kinder. Neues unterhaltendes Geschichtenbuch für die Kinderstube zum Lesen und Lernen*. Nürnberg, S. 5f. Einsehbar in der Digitalen Bibliothek der Universität Braunschweig: <http://www.biblio.tu-bs.de/db/hob/Kinderbuchsammlung.htm>

KRÜGER, HEINZ-HERRMANN/ HELSPER, WERNER (2002): *Einführung in die Grundbegriffe und Grundfragen der Erziehungswissenschaft*. Opladen

LEFRANCOIS, GUY R. (2003): *Psychologie des Lernens*. Berlin u. a.

RYLE, GILBERT (1969): *Der Begriff des Geistes*. Stuttgart

STROH, WOLFGANG MARTIN (2003): *»Musik lernen« – ein taktisches Programm, das Fragen aufwirft*, in: Diskussion Musikpädagogik 20, S. 3ff.

VOGT, JÜRGEN (2004): *(K)eine Kritik des Klassenmusikanten. Zum Stellenwert Instrumentalen Musikmachens in der Allgemeinbildenden Schule*, in: Zeitschrift für Kritische Musikpädagogik, <http://home.arcor.de/zf/zfkm/vogt7.pdf>

---

[26] BÄHR u. a., S. 30.

Heinz Geuen (Köln)

»Das Ordnen des Tuns«: Musikmachen im Klassenverband als integratives Unterrichtsprinzip

»Klassenmusizieren *als* Musikunterricht« ist eine zugleich provokante wie auch herausfordernde Formulierung. Provokant ist sie, weil sie zunächst einmal suggeriert, dass gemeinsames Musizieren *die* bestimmende Lehr- und Lernform des Musikunterrichts ist oder sein soll – wodurch sofort der Vorwurf neomusikantischen Praktizierens auf den Plan gerufen wird. Herausfordernd ist die Gleichsetzung von Klassenmusizieren und Musikunterricht, wenn gemeint ist, dass *alle* bildungsrelevanten Umgangsweisen mit Musik (also auch Rezeption und Reflexion) durch musikalische Praxis realisierbar sein sollen. Gemeinsames Musizieren gilt vielen als allen anderen methodischen Großformen überlegenes Unterrichtsprinzip. Klassenmusizieren ist geradezu das Synonym für einen zugleich *musik-* und *schüler*orientierten Unterricht, während rezeptions- oder gesprächsorientierten Lehr-Lernverfahren leicht der Verdacht der Theorielastigkeit und der Lebensferne anhaftet.

Natürlich steht die von der klanglichen Realisierung abgekoppelte Vermittlung musiktheoretischen Basiswissens zu Recht in der Kritik. Nicht weniger praxisfern und geradezu unsinnig (und nicht selten auch unsinnlich) erscheint mir die Forderung, den reflektierenden und kontextualisierenden Umgang mit zum Hören bestimmter Musik *immer* an (gemeinsames) Musizieren anzubinden.

Hinzu kommt, dass es sinnvolle, medial orientierte Erweiterungen des Umgangs mit Musik in der Schule gibt, für die der Terminus »Klassenmusizieren« kaum geeignet ist: Bewegung/Tanz, Malen nach und mit Musik, Videoproduktion oder Szenisches Spiel seien hier genannt. Durch eine Polarisierung von schülerorientiertem Klassenmusizieren auf der einen und lehrerzentrierter, theoriebezogener Vermittlungspraxis auf der anderen Seite lässt sich der didaktische Wert solcher Unterrichtsprinzipien und Lernfelder nicht klären. Offensichtlich geht es in der Leitfrage des Symposions *Klassenmusizieren als Musikunterricht!?* gar nicht in erster Linie um den Primat des Tuns, sondern um die schlichte Frage, was eigentlich guter Musikunterricht sein soll.

Fünfzig Jahre nach Theodor W. Adornos Musikantenschelte[1] herrscht – zumindest im Kreise verständiger Musikpädagogen – Einigkeit darüber, dass eine im engeren Sinne musische Begründung für die pädagogische Musizierpraxis nicht haltbar ist. In der bildungs- und fachpolitischen Öffentlichkeit ist dies keinesfalls so geklärt, man denke an den enormen publizistischen Widerhall der Bastian-Studie[2] oder an die immer wieder gerne getätigten Erziehungs- und Ganzheitlichkeitsstatements kulturbewusster Politiker. Gleichwohl ist die uns hier interessierende fachdidaktische Diskussion um die Legitimation der Musizierpraxis im allgemeinbildenden Musikunterricht vielschichtig und differenziert. Argumentativ zumindest will niemand mit neomusischem Aktionismus oder gemeinschaftsbildenden Erziehungsidealen identifiziert werden. Zugleich sind Argumentationsmuster, in denen Produktion und Rezeption polarisiert werden, keinesfalls verschwunden. Sie sind uns zutiefst vertraut, sie gehören gewissermaßen zur gelebten Fachgeschichte.

Ich plädiere dafür, nicht weiter Argumente für oder gegen einen Primat des Musikmachens vor dem Musikhören zusammenzutragen. Die didaktische Verpflichtung zur Beachtung der Vielschichtigkeit und der Multiperspektivität musikalischer Gegenstände und Umgangsweisen, die spezifischen Situationen von in der Regel heterogenen Lerngruppen sowie die unumgängliche Notwendigkeit, schulische Lern- und Bildungsprozesse didaktisch und methodisch zu systematisieren und zu stufen, stehen nach meiner Überzeugung nicht in Zusammenhang mit Entscheidungen für oder gegen Musikmachen oder Musikhören, für oder gegen Information, Reflexion oder Produktion.

Das von Hans Aeblis lerntheoretischem Klassiker[3] entlehnte Motto meines Beitrags – »Das Ordnen des Tuns« – habe ich gewählt, um deutlich zu machen, dass es mir darum geht, Prinzipien des Lernens und Lehrens von Musik in der Schule als Ganzes in den Blick zu nehmen: Nicht um eine Didaktik des Klassenmusizierens geht es mir also, sondern um die Skizzierung von Bedingungen und Kontexten eines musikbezogenen Lernens in der Schule, in der die Musikpraxis als eine mögliche und wichtige Umgangsweise prinzipiell integriert ist.

Für unseren Zusammenhang aufschlussreich erscheint mir, dass die auf Praxisorientierung verweisenden musikpädagogischen Labels wie »Erweiterter Musikunterricht«, »Bläserklassen«, »Musikalische Gestaltungsarbeit« oder »Produktionsdidaktik« mehr bedeuten als Angaben über Organisationsformen oder

---

[1] ADORNO 1972.
[2] BASTIAN.
[3] AEBLI.

inhaltliche Schwerpunkte. Immer sind didaktische Meta-Ebenen mit gemeint, die man grob gerastert lerntheoretisch begründeten Maximen eines »aufbauenden« Musikunterrichts,[4] Prinzipien kommunikativer Musikdidaktik[5] oder im neueren Ästhetik-Diskurs[6] verankerten Bildungsvorstellungen zuordnen mag.

Fügt man Vokabeln des didaktischen Meta-Diskurses hinzu – also etwa: Hermeneutik, Handlungsorientierung, Erfahrungserschließung, Konstruktivismus – so ergibt sich erneut eine Kreuzung von Aussagen über Inhalte des Musikunterrichts, über Legitimationsstrategien und über Lernformen. Alles in allem zeigt sich unsere Fachdisziplin, die Hochschul-Musikdidaktik, als einerseits facettenreiches und andererseits terminologisch dicht vermintes Kaleidoskop von Konzeptionen und Lagermentalitäten, das Lehramtsstudierende gelegentlich in verwirrte Verstörung stürzt und das die praktizierende Musiklehrerschaft zuweilen als modische »Konzeptionitis« belächelt und mit Nichtbeachtung straft.

Gleichwohl kommen wir angesichts der Bläser- und Streicherklasseneuphorie sowie der Fülle publizierter Arrangements und Spielanleitungen für das Klassenmusizieren an der Frage nach Kriterien guten Musikunterrichts nicht herum, zumal es mit Blick auf das Thema des Symposions beim Klassenmusizieren offensichtlich nicht nur um eine von mehreren Möglichkeiten musikdidaktischen Entscheidens und Handelns geht, sondern vielmehr um eine grundlegende musikdidaktische Positionsbestimmung. Beide derzeit meinungsführenden musikdidaktischen Paradigmen – »Ästhetische Erfahrung/Bildung« auf der einen Seite und »Aufbauendes Lernen/Kulturerschließung« auf der anderen Seite – reklamieren im Übrigen die musikalische Praxis in der Schule für sich. Und in beiden Ansätzen geht es nicht um die Polarität von musikbezogener Reflexion und Musikpraxis, sondern auf jeweils höchst unterschiedliche Weise um deren Integration.

Die Polarität zwischen Ästhetik-Diskurs auf der einen und Musiklern-Konzeptionen auf der anderen Seite spiegelt daher nicht den unterschiedlichen Stellenwert des Klassenmusizierens an sich wider, sondern vielmehr dessen jeweils unterschiedliche intentionale bzw. methodische Verankerung. Zugespitzt formuliert handelt es sich im Fall des Ästhetik-Diskurses um den Primat ästhetisch-kultureller Erfahrung vor der Intentionalität musikbezogenen Lernens, mit der Tendenz zu einer »didaktischen Entpädagogisierung«; während das Kon-

---

[4] Zuletzt zusammenhängend dargestellt von Werner Jank, in: JANK, S. 69ff.
[5] In Bezug auf Gestaltungsarbeit v. a. NIMCZIK. Grundsätzliches zur Kommunikativen Musikdidaktik s. ORGASS 1996.
[6] ROLLE.

zept aufbauenden Lernens für den Primat einer systematischen musikalischen Alphabetisierung vor musikalisch-kultureller Multiperspektivität steht. Dies stellt in meinen Augen eine Art »methodische Überpädagogisierung« dar.

Warum aber sollte es – gewissermaßen zwischen den Stühlen – nicht einen »dritten« Weg geben, der ein aufbauend-vernetzendes, an Lernstandards orientiertes didaktisches Denken mit einer die Vielschichtigkeit ästhetisch-musikalischer Erfahrung respektierenden Vorstellung von Musikunterricht in der Schule verbindet?

Als grundlegende Parameter eines integrierenden Modells sind dabei das Zusammenspiel von *Multiperspektivität, subjektiver Relevanz, Heterogenität und Situationsbedingtheit* musikalischer Erfahrung und musikbezogenen Lernens zu berücksichtigen.

Aufbauende Systematisierung Vielschichtigkeit musikalischer Erfahrung

Integrationsparameter
↓
Multiperspektivität
subjektive Relevanz
Heterogenität
Situationsbedingtheit

Erziehungs- und Bildungsziele des Musikunterrichts stellen ein labiles Zusammenspiel unterschiedlicher und aufeinander einwirkender Aspekte und Faktoren dar. Zu nennen sind beispielsweise Wahrnehmungsentwicklung und musikbezogener Kenntniserwerb, Erlebnis-, Ausdrucks-, und Darstellungsfähigkeit, Aufbau psychomotorischer Koordination, Umgang mit Formen entdeckenden Lernens oder generell die Entwicklung kreativer Potentiale.[7]

Wenn dieser Katalog als Aufgabenbeschreibung für zu erwerbende (und nicht als zu »vermittelnde«) Kompetenzen[8] Gültigkeit haben soll, dann muss benannt werden,

---

[7] Vgl. dazu NOLTE oder GEUEN, S. 144f.
[8] Mit »Kompetenz« ist hier in einem pragmatischen Sinn die im Musikunterricht zu entwickelnde Fähigkeit zu einer »begründeten Auseinandersetzung mit Musik als einem sinnvermittelnden und sinnhervorbringenden Kulturphänomen« (*Richtlinien* Nordrhein-Westfalen [1999], S. 5) gemeint.

- ob und wie Ziele präzisiert, systematisiert und gegebenenfalls hierarchisiert werden können,
- welche konkreten Fähigkeiten/Fertigkeiten Schüler erwerben können oder sollen,
- ob es einen Kernbestand unabdingbaren Wissens über Musik geben kann, soll oder muss, der versteckt oder offen allen didaktischen Entscheidungen im Bezugsfeld von Relevanz, Partizipation und Intention zu Grunde liegt,
- wie Lehr-Lernprozesse konkret gesteuert werden sollen.

Vor diesem Hintergrund erscheint eine Operationalisierung von Zielen bzw. eine Formulierung konkreter Lernstandards ebenso unabdingbar wie komplex: Auf der einen Seite droht die Verselbstständigung, wenn nicht gar Kanonisierung von Wissen, auf der anderen Seite verunmöglichen die Unüberschaubarkeit und die Multidimensionalität der vielen neben- und miteinander existierenden Musikkulturen und -praxen eine begründbar zu hierarchisierende »aufbauende« Fachsystematik.

Bevor es jedoch zu einer Formulierung von Kompetenzen kommen kann, muss man sich darüber klar werden, worauf sich ebenjene zu bestimmenden Fähigkeiten und Fertigkeiten zu beziehen haben, kurzum: in welcher Gestalt Musik Gegenstand musikalischen Lernens sein kann und soll. Der Umgang mit Musik im Musikunterricht betrifft
- Hörerlebnisse jedweder Art,
- die mit Hörerlebnissen intentional oder akzidentiell verbundenen »inneren Bilder« (Programmmusik, Musik im Hörspiel – selbstinszenierte Bild-Musik-Verbindungen, Musik als alltägliches Environment),
- intentionale Visualisierungen (mediale Verbindung von Musik und Bild: Film und Videoclip),
- Aufführungen von Musik: Konzert, Musiktheater (ausführend und rezipierend),
- Musik in Verbindung mit Bewegung und Tanz (ausführend und rezipierend),
- Verschriftlichungen und Kodifizierungen jedweder Art (Notentexte, musikalische Grafiken, Tabellen, Beschreibungen, literarische Transpositionen etc.).

Eine Bestimmung musikalischer Kompetenz muss sich daher auf die Totalität von Hören, Erleben und Machen von Musik erstrecken. Multiperspektivität ist jedoch kein Synonym für unverbindliche Offenheit, denn gerade aus der Vielgestaltigkeit des Gegenstandes Musik lassen sich eine Reihe von konkreten,

aufeinander zu beziehenden Grundsätzen für die intentionale Begründung von Unterrichtsinhalten und Unterrichtsverfahren ableiten:
- Musik als bildungsrelevantes Erfahrungsfeld konstituiert sich durch funktionale, stilistische und historische Vielschichtigkeit und Vielgestaltigkeit.
- Musikhören stellt ein intertextuell angelegtes, medial inszeniertes audiovisuelles Gesamtphänomen dar.[9]
- In Lernprozessen, die auf Bedeutungszuweisung gerichtet sind (»Musikverstehen«), stellt die Herstellung und Thematisierung von Kontexten (Historizität, Aktualität, Beziehungsreichtum etc.) ein zentrales Reflexionsmoment dar.
- Das für musikalische Bildungsprozesse spezifische Zusammenspiel von subjektivem Erleben und (selbst-)reflexiver Rationalität wird insbesondere durch künstlerisch-produktive Tätigkeiten ermöglicht.[10]
- Musikhören, Musikmachen und Verbindungen von Musik mit anderen Medien und ästhetischen Praxen stellen hocheffektive (auch nonverbal-symbolisch funktionierende) Erfahrungsräume dar.[11]

Die Vielgestaltigkeit von Musik insgesamt, die Unüberschaubarkeit hinsichtlich der Möglichkeit, musikalische Ereignisse wahrnehmend und gestaltend zu differenzieren, sowie – nicht zuletzt – die Unmöglichkeit, die subjektive Relevanz spezifischer musikalischer Wissens- und Erfahrungsfelder zu generalisieren, steht einer kanonisierten Festlegung auf *Inhalte* prinzipiell entgegen. Aufbauendes Lernen als generalisierender Alphabetisierungsvorgang, in dem musikalische Elemente, Parameter oder Fertigkeiten sowie Wissen über Musik progressiv geordnet werden, ist immer gefährdet, in normative Entscheidungen für (und gegen) ein kanonisiertes Kulturwissen umzuschlagen bzw. eine hierarchisierende Polarisierung zwischen propädeutischer Musikalisierung (»Basis«- oder »Grund«-Kompetenzen) und »Kulturerschließung« zu begünstigen. In der Diskussion über die erstmals 2001 vorgelegte Musiklern-Konzeption von Bähr, Gies, Jank und Nimczik[12] ist mehrfach und zu Recht auf diese Probleme hingewiesen worden.[13] Gleichwohl sehe ich das Problem der Zufälligkeit und die Tendenz zu Beliebigkeit, wenn musikalisch-ästhetische Erfahrungen lediglich

---

[9] Vgl. RÖSING.
[10] Vgl. u. a. NIMCZIK oder WALLBAUM.
[11] Vgl. z. B. NIERMANN/STÖGER.
[12] GIES u. a.
[13] Vgl. u. a. HESS.

situativ ermöglicht oder inszeniert werden und Aspekte von Lehrintention und aufbauender Perspektive nahezu bedeutungslos sind.

Aufbauendes Lernen und Offenheit ästhetischer Erfahrung also als Quadratur des Kreises?

Die genannte Offenheit musikbezogener Textualität sowie der damit verbundene, nur sehr partiell hierarchisierbare Rhizom-Charakter musikalischen Tätigseins, Wissens und Erfahrens enthebt Lehrende und Lernende eines allgemeinbildenden Unterrichtsfachs Musik nicht einer verantwortlichen Prozess- und Zielbestimmung. Denn auch wenn intendiertes, auf Lern- und Erfahrungszuwachs gerichtetes musikdidaktisches Handeln tendenziell alle substantiellen musikalischen »Verhaltensweisen«[14] umfassen soll, dann kann dies nur in mittel- und längerfristig angelegten pädagogischen Arrangements erfolgen, in denen Perspektiven und Lösungswege (auch für neu entstandene Fragen) systematisch entwickelt werden.

Christine Stöger hat in dezidierter Weise auf den produktiven Zusammenhang zwischen der »Unendlichkeit des Wissens« und der »Endlichkeit der Erfahrungen« hingewiesen. Damit bezieht sie sich im ersten Teil des Gedankens nicht nur auf die offenbare Unmöglichkeit, Wissen in Bildungszwecken rational zu kanonisieren. Vielmehr bezeichnet sie »Wählen und Entscheiden« als »grundlegende Parameter des Lernens und der Identitätsbildung.«[15] Dieser »Unendlichkeit an musikalischen Erscheinungsweisen, an Wissen über Musik und an zu erwerbenden Fertigkeiten« stellt sie die »Endlichkeit der Erfahrungen« gegenüber. Konkret wird dies, wenn sie unter Bezug auf Thomas Fuchs »Elemente von Erfahrung« benennt, durch die Erfahrungsprozesse qualifiziert werden. Dazu gehören:
- *Wiederholung*,
- *Einbettung in erlebte komplexe Situationen* (Vermeidung von unangemessenen Verkürzungen, Begünstigung eines forschenden offenen Ausgangs),
- *Tätigkeit* (Aufbau eines Gestaltkreises aus Wahrnehmen und Eigenbewegung),
- *Aufbau eines Sinnes für die Physiognomie des Gegenstandes* (z. B. Klangvorstellung, Körperhaltung),
- *Erleiden von Widerstand* (zum Beispiel in der Begegnung mit Fremdem),

---

[14] An die historische Bedeutung von Dankmar Venus in dieser Frage und seinen in der Folge vielfältig variierten und differenzierten Katalog sei hier ausdrücklich erinnert. Venus unterscheidet: I. Produktion von Musik, II. Reproduktion von Musik, III. Rezeption von Musik, IV. Transposition von Musik, V. Reflexion über Musik. VENUS, S. 27f.
[15] STÖGER.

- *Aufbau von explizitem Wissen* (Benennung und Reflexion von Tätigkeiten),
- *Aufbau von implizitem Wissen* (nicht benennbares Erfahrungswissen).[16]

Damit rückt die pädagogische Situation vor Ort und nicht mehr nur die Frage nach der Legitimierung von Unterrichtsinhalten in das Bewusstsein. Ob und inwieweit Noten gelernt, Texte recherchiert, Musik analysiert, Befragungen vorgenommen werden, Hörbilder notiert, getanzt, gemalt, diskutiert und musiziert werden, entscheidet sich nicht generell, ist vielmehr Ergebnis von Verständigung über den jeweiligen »Bildungsanlass«.[17]

Gegenstände und Anlässe des Musik-Lernens sind also situations-, adressaten- und voraussetzungsspezifisch, quantitative und qualitative Dimensionen musikbezogenen Wissens und Könnens entziehen sich der Kanonisierung. Standardisierbar sind hingegen Kriterien, die in jeweiligen Lern- und Erfahrungsprozessen beobachtbar und folglich auch evaluierbar sind. Aufbauendes Lernen in diesem Sinn – nicht zu verwechseln mit Kanonisierung und allgemeiner Alphabetisierung – bedeutet daher gleichwohl
- die Fähigkeit zu musikspezifischer Verbalisierung,
- die Fähigkeit, musikgeschichtliche und analytische Kontexte miteinander zu verknüpfen,[18]
- dabei differenziert (also vielfältig gestuft) mit den ikonischen und symbolischen Ebenen von Notationen aller Art (als spezifische Erscheinungsformen musikalischer Texte) umzugehen und
- je nach Situation, Fähigkeit und Notwendigkeit vokale und instrumentale Fertigkeiten aufzubauen.

An die Stelle absoluter, kanonisierter Progressionsstufen treten allerdings »Elemente von Erfahrung«, die *jedem* nachhaltigen Lernprozess zugrunde liegen und die einen *jeweils sinnvollen* Kompetenzaufbau beschreibbar machen – an musischen Gymnasien nicht mehr und nicht weniger als an Schulen in sozialen Brennpunkten.

Zur Konkretisierung sei dies noch einmal anhand von Beispielen verdeutlicht: Ob
- instrumentenkundliche Termini, spezifische Vokabeln des klassischen Bal-

---

[16] Ebd., S. 23
[17] Vgl. ebd., S. 22: Sie bezieht sich hier auf HENTIG.
[18] ORGASS 2000 gibt ein anregendes Beispiel für die »erzählende Verknüpfung von Text(en) und Prätext(en)«.

letts, Bezeichnungen für »skills« im Hip-Hop oder Begrifflichkeiten der musikalischen Akustik im musikalischen Diskurs hilfreich sind,
- Notationen wirklich geschrieben, gelesen und (innerlich) gehört werden sollten (statt sie beispielsweise nur orientierend verfolgen zu können),
- der Umgang mit Instrumenten zu bestimmten musikalischen Fertigkeiten führen soll (Begleitmodelle reproduziert und entwickelt, freie Improvisationen realisiert, Klangeigenschaften erkundet werden), ein Liedrepertoire entsteht oder stimmhygienische Kenntnisse erworben werden bzw. klangexperimentell mit der eigenen Stimme umgegangen werden soll,

entscheidet sich in der institutionell und individuell geprägten Lernsphäre vor Ort und muss folglich jeweils zwischen Lernenden und Lehrenden als Bildungsziel ausgehandelt und ausgetragen werden.

In diesem Kontext hat auch das Klassenmusizieren seine Bedeutung als effektives Unterrichts*prinzip* – nicht *als* Musikunterricht. Denn Musizieren im Unterricht bietet in der Tat eine Reihe von sehr spezifischen und effektiven Lern- und Erfahrungsmöglichkeiten, die durch den rezeptiven Umgang mit Musik nicht erreicht werden können. Wenn Klassenmusizieren *als* Musikunterricht den praktischen Umgang mit Musik jedoch zum einzigen Unterrichtsprinzip erhebt, dann wird nicht nur das multiperspektivische Phänomen Musik auf Teilaspekte reduziert. Vielmehr wird zugleich ohne Not auf eine Vielfalt anderer schüleraktivierender, Eigentätigkeit und Selbstorganisation fördernder Inhalte und Methoden verzichtet. Denn akzeptierte und effektive handlungsorientierte Unterrichtsprinzipien[19] sind nicht auf das Klassenmusizieren beschränkt.

Was nun ist aber das Spezifische des Unterrichtsprinzips »Klassenmusizieren«?

Da Klassenmusizieren als integratives Unterrichtsprinzip aus den genannten Gründen nicht auf einen lehrgangsmäßigen Aufbau von musizierrelevanten Fähigkeiten und Fertigkeiten setzen kann, sollten ästhetische Aufgaben und Problemstellungen im Vordergrund stehen, die möglichst voraussetzungslos und binnendifferenzierend angelegt sind und die gleichzeitig Wahrnehmungspotentiale aufbauen, die nur durch das eigene musikalische Tun möglich werden: Reduktion des Materials bei gleichzeitiger Optimierung von Möglichkeiten der Erfahrung.

Der auch hier allgegenwärtige Theodor W. Adorno warnt am Ende seines Textes *Zur Musikpädagogik* davor, die »Litanei von der Ganzheit herzubeten«, und schlägt statt dessen vor, »das Einfachste der Gestalttheorie zu beherzigen: daß

---

[19] Vgl. z. B. GUDJONS, S. 8ff.

kein Ganzes Summe seiner Teile ist, daß man es auch darum nicht aus Teilen, aus dem Primitivsten, ›aufbauen‹ kann, sondern daß ein Wechselspiel herrscht zwischen den Elementen und der Totalität, daß beide sich auseinander erzeugen und nur in ihrer Verschränkung zu begreifen sind.«[20]

Für dieses hier geforderte »Wechselspiel zwischen den Elementen und der Totalität« als didaktisch-methodisches Prinzip will ich abschließend ein Beispiel geben, das eine eigene Erfahrung mit dem Klassenmusizieren als Unterrichtsprinzip verdeutlichen soll. Auch hier spielt ein (allerdings eher zufälliger) Konnex zu Adorno eine gewisse Rolle. In seiner achten Darmstädter These hat Adorno auf den pädagogischen Wert der Beschäftigung mit einer an die Klassenzimmerwand projizierten Seite von Bergs »Wozzeck« verwiesen und ist dafür als praxisfern und elitär gebrandmarkt worden.[21]

Mich hat es gereizt, durch eine Gestaltungsaufgabe Aspekte von Bergs kompositorischem Denken auf ganz elementare Weise modellhaft aufzudecken und zu gestalten. Die Mordszene des dritten Aktes führt Berg als »Invention über einen Ton« aus, wobei aus dem Ton *h* hervorgehende Klang- und Motivstrukturen eine enorme Entwicklung erleben. Von einer fast subkutanen Präsenz im klanglichen Untergrund am Anfang und zunehmend dichter werdenden atmosphärischen und charakterisierenden Momentaufnahmen gestaltet sich ein Klangbild, das am Ende den Ton *h* zur alles bestimmenden Totalität des Todes werden lässt.

Es lag nahe, aus Text und Subtext des Dialogs von Marie und Wozzeck sowie aus den szenischen Angaben einzelne Stimmungen zu entwickeln und diese in miniaturhafte instrumentale Impressionen zu überführen, wobei ausschließlich *h* als Tonmaterial zu benutzen war. Die Aufgabe ist einerseits absolut voraussetzungslos, bietet aber auch und gerade für fortgeschrittene Musiker Herausforderungen. Entstanden sind sehr eindrückliche, je nach innerer Haltung, gewählter Stimmung und instrumentalem Vermögen extrovertiert-»virtuose« oder am Rande des Verstummens zu ortende Ergebnisse, die eine »identifizierende Vergegenwärtigung«[22] der Schüler von Spezifika der komplexen Klangsprache Bergs unmittelbar und ohne weitere Erläuterung möglich machte: Klassenmusizieren als intuitive Analyse sozusagen.

In Aufgaben wie diesen, für die im Übrigen das Fach Bildende Kunst eine lange Tradition besitzt, sehe ich besondere Möglichkeiten für das Klassenmu-

---

[20] ADORNO 1972, S. 118.
[21] ADORNO 1997, S. 437ff.; s. a. TWITTENHOFF.
[22] SCHÜTZ, in: LUGERT/SCHÜTZ, S. 195.

sizieren als Unterrichtsprinzip, vor allem dann, wenn Beschränkung und Konzentration im Material implizites Wissen und Können hervorbringen, das das Elementare mit der Totalität des Phänomens Musik zusammenführt.

Literatur

ADORNO, THEODOR W. (1972): *Dissonanzen – Musik in der verwalteten Welt*. 5. Aufl. Göttingen (¹1956)

DERS. (1997): *Thesen gegen die musikpädagogische Musik* [1954], in: DERS.: *Gesammelte Schriften*, Bd. 14. Frankfurt a. M.

AEBLI, HANS (1980/81): *Denken: Das Ordnen des Tuns*. Stuttgart

BASTIAN, HANS GÜNTHER (2000): *Musik(erziehung) und ihre Wirkung*. Mainz

GEUEN, HEINZ (2005): *Lernziele/Lehrziele*, in: HELMS, SIEGMUND/ SCHNEIDER, REINHARD/ WEBER, RUDOLF (2005): *Lexikon der Musikpädagogik*. 4., völlig überarbeitete Aufl. Kassel, S. 144f.

GIES, STEFAN/ JANK, WERNER/ NIMCZIK, ORTWIN (2001): *Musik lernen. Zur Neukonzeption des Musikunterrichts in den allgemeinbildenden Schulen*, in: Diskussion Musikpädagogik 9, S. 6ff.

GUDJONS, HERBERT (1987): *Handlungsorientierung als methodisches Prinzip im Unterricht*, in: Westermanns Pädagogische Beiträge 5, S. 8ff.

HELMS, DIETRICH/ PHLEPS, THOMAS (Hg.) (2003): *Clipped Differences. Geschlechterrepräsentationen im Musikvideo* (= Beiträge zur Popularmusikforschung, Bd. 31). Bielefeld

HELMS, SIEGMUND/ HOPF, HELMUTH/ VALENTIN, ERICH (Hg.) (1985): *Handbuch der Schulmusik*. Regensburg

HELMS, SIEGMUND/ SCHNEIDER, REINHARD/ WEBER, RUDOLF (2005): *Lexikon der Musikpädagogik*. 4., völlig überarbeitete Aufl. Kassel

HENTIG, HARTMUT VON (1996): *Bildung*. München

HESS, FRAUKE (2001): *Aufbauendes Musiklernen – ein neuer Fluchtpunkt der Musikpädagogik*, in: Diskussion Musikpädagogik 10, S. 102ff.

JANK, WERNER (Hg.) (2005): *Musik-Didaktik. Praxishandbuch für die Sekundarstufe I und II*. Berlin

LUGERT, WULF DIETER/ SCHÜTZ, VOLKER (1991): *Aspekte gegenwärtiger Musikpädagogik. Ein Fach im Umbruch*. Stuttgart

NIERMANN, FRANZ/ STÖGER, CHRISTINE (Hg.) (1997): *Aktionsräume – Künstlerische Tätigkeiten in der Begegnung mit Musik*. Wien

NIMCZIK, ORTWIN (1991): *Spielräume im Musikunterricht. Pädagogische Aspekte musikalischer Gestaltungsarbeit*. Frankfurt a. M.

Nolte, Eckhard (1985): *Zum Stand der musikpädagogischen Theoriebildung*, in: Helms, Siegmund/ Hopf, Helmuth/ Valentin, Erich (Hg.) (1985): *Handbuch der Schulmusik*. Regensburg, S. 39ff.

Orgass, Stefan (1996): *Kommunikative Musikdidaktik. Ansätze zu ihrer ästhetischen und pädagogischen Begründung sowie zwei praktische Erprobungen* (= Forum Musikpädagogik, Bd. 22). Augsburg

Ders. (2000): *Hommage als Parodie. Peter Hofmann, Udo Lindenberg und Franz Schubert als unfreiwilliges Trio in Felix Janosas ›Kunstlied‹ »Ich bin Rocker«*, in: Musik & Bildung 1, S. 31ff.

Rösing, Helmut (2003): *Bilderwelt der Klänge – Klangwelt der Bilder. Beobachtungen zur Konvergenz der Sinne*, in: Helms, Dietrich/ Phleps, Thomas (Hg.) (2003): *Clipped Differences. Geschlechterrepräsentationen im Musikvideo* (= Beiträge zur Popularmusikforschung, Bd. 31). Bielefeld

Rolle, Christian (1999): *Musikalisch-ästhetische Bildung. Über die Bedeutung ästhetischer Erfahrung für musikalische Bildungsprozesse*. Kassel

Schütz, Volker: *Musikmachen. Versuch einer didaktischen Revision*, in: Lugert, Wulf Dieter/ Schütz, Volker (1991): *Aspekte gegenwärtiger Musikpädagogik. Ein Fach im Umbruch*. Stuttgart, S. 195.

Stöger, Christine (2005): *Planungen des Ungewissen. Aktuelle Herausforderungen für die Musikpädagogik?*, in: Diskussion Musikpädagogik 26, S. 22

Twittenhoff, Wilhelm (1954): *Stellungnahme zu den »Thesen gegen die musikpädagogische Musik« von Theodor W. Adorno*, in: Junge Musik 6; in: Heise, Walter/ Hopf, Helmuth/ Segler, Helmut (Hg.) (1973): *Quellentexte zur Musikpädagogik*. Regensburg, S. 277ff.

Venus, Dankmar (2001): *Unterweisung im Musikhören*. Wuppertal, 4. Aufl. Wilhelmshaven (^{1}1969).

Wallbaum, Christopher (2000): *Produktionsdidaktik und ästhetische Erfahrung*. Veröffentlicht als *Produktionsdidaktik im Musikunterricht* (= Perspektiven zur Musikpädagogik und Musikwissenschaft, Bd. 27). Kassel

Stefan Orgass (Essen)

Mindestanforderungen an das unterrichtliche Klassenmusizieren aus bedeutungs-, interaktions- und bildungstheoretischer Sicht

Klassenmusizieren *als* Musikunterricht? – Diese Frage ist in drei Hinsichten erläuterungsbedürftig: mit Blick auf die Begriffe des Klassenmusizierens und des Musikunterrichts, aber auch hinsichtlich der vergleichenden Konjunktion »als«, ist doch immerhin ein Bedeutungsspektrum von »ersatzweise für« (Musikunterricht) bis zu »einer möglichen Realisation von« (Musikunterricht), die sich auch anders vollziehen kann oder muss, denkbar. Bei der Beantwortung der Frage und der genannten Folgefragen sollen die drei im Titel genannten Aspekte strukturierend zur Geltung gebracht werden.

Für die Bestimmung des Begriffs »Klassenmusizieren« möchte ich mir die Unterscheidungen zunutze machen, die Johannes Bähr kürzlich traf: »Im umfassenden Sinn ist Klassenmusizieren in der allgemein bildenden Schule eine gemeinsame musikalische Tätigkeit aller Mitglieder einer Lerngruppe […] Als musikalischer Lernprozess und als ästhetisch-musikalische Gebrauchspraxis enthält Klassenmusizieren sowohl Anteile von musikalischem Handwerk und von künstlerischer Ausübung als auch von Reflexion der Material- und Bedeutungsdimension von Musik sowie der musikalischen Handlungen.«[1] Demgegenüber meint der Begriff »erweiterter Musikunterricht« ein Musik-Lehrangebot wie z. B. Früherziehung, Instrumentalunterricht oder andere Formen des musikpraktischen Lernens (z. B. Ensemblespiel); dieses Lehrangebot ergänzt den normalen Musikunterricht, ist in den üblichen Stundenplan integriert und erfolgt manchmal in Kooperation mit Musikschulen oder Vereinen usw. Eine besondere Form des erweiterten Musikunterrichts meint der Begriff »Musikklasse«, die dadurch definiert ist, »dass alle Schüler einer Klasse ein Instrument erlernen oder vokale Expertise erlangen […] In der Regel spielen die Lernenden aus Musikklassen auch in einem Ensemble oder singen im Chor […] Unterschiedlich wird der Anteil von Instrumentalspiel und sonstigem Musiklernen gewichtet.«[2]

---
[1] Bähr 2005, S. 160.
[2] Ebd., S. 161.

Der genannte Begriff des Klassenmusizierens umgreift also auch die »Reflexion der Material- und Bedeutungsdimension von Musik sowie der musikalischen Handlungen«.[3] (Ob dies eine mehrheitlich existierende oder eine wünschenswerte Praxis auf den Begriff bringt, sei dahingestellt; hier interessiert nur das Gesollte, nicht die Kritik einer ohnehin nur unzureichend studierten Empirie.) Wenn aber die Bedeutungsdimension von Musik im Rahmen des Klassenmusizierens reflektiert werden soll, so ergeben sich Fragen, die im Folgenden zu stellen und zu beantworten sind.

Die Genese musikalischer Bedeutung in musikbezogenen Interaktionen

Was ist musikalische Bedeutung? Wie kommt sie zustande? Wie kann sich die Reflexion auf sie artikulieren? – Die Beantwortung dieser Fragen erfolgt hier durch die thesenartige Vorstellung von Ergebnissen ausführlicherer entsprechender Reflexion vor u. a. konstruktivistischem Hintergrund.[4]

a) Musikalische Bedeutung ist keine feststehende Größe, schon gar keine Eigenschaft des klingenden Substrats von Musik oder ihrer Niederschrift selbst, sondern sie ist ein Vollzug: Sie wird vom wahrnehmenden Individuum zugewiesen.

b) Diese Zuweisungen beziehen sich immer auf Vergleiche zwischen gestalthaft wahrgenommenen Einheiten, also auf die Beziehungen zwischen Tönen, Klängen, Geräuschen und/oder Stille, die im Hören erfasst werden:[5] Dieser Ton ist höher und kürzer als jener tiefere und längere, das erste Thema erklingt lauter als das zweite, das Saxophonspiel eines Charlie Parker klingt rauer als das eines Lee Konitz etc.

c) Solche Bedeutungszuweisungen stehen in Kontexten von Bedeutsamkeit: Der Lautstärke einer Deathmetal-Performance kann eine andere Bedeutung als der Lautstärke eines mehrchörigen venezianischen Bläsersatzes zugewiesen werden, weil das wahrnehmende Individuum den Kontexten, in denen diese Musiken erklingen – Texte, Bauten, soziale Schichtungen –, jeweils andere Bedeutungen zuzuweisen vermag. Auch den Kontexten »lauscht« das Individuum »ihre« Bedeutungen nicht einfach »ab«, sondern weist diese – jeweils bewusst oder unbewusst – nach Maßgabe, unter Berücksichtigung oder Miss-

---

[3] Wie Anm. 1.
[4] Vgl. dazu meinen ausführlicheren Beitrag *Musikalische Bildung aus bedeutungs- und interaktionstheoretischer Perspektive*, der in dem Symposionsbericht *Musik, Bildung und Textualität* der Reihe *Erlanger Forschungen* demnächst erscheinen wird.
[5] Vgl. FALTIN.

achtung von Konventionen zu (dazu mehr unter d). Nicht die Musik ist also offen für unterschiedliche Bedeutungszuweisungen, sondern die Kontexte, in denen sie erklingt, *ermöglichen* differente Wahrnehmungen der Entsprechung von nichtästhetischer Bedeutsamkeit und musikalisch-ästhetischer Bedeutung.[6] (Konstruktivistisch gesehen werden mithin Bedeutung und das Bedeutsame als subjektiv konstituiert und bewertet gedacht.)

d) Dass die individuellen Zuweisungen von Bedeutung und Bedeutsamkeit zu einer bestimmten Musik in einer bestimmten Kultur mitunter als miteinander kompatibel, ja identisch erscheinen, hängt mit dem hohen Grad an Konventionalisierung des Umgangs mit musikalischen Bestimmungsgrößen in jener Kultur zusammen, in der diese Übereinstimmungen festgestellt werden. Diese Feststellung kann nur in Face-to-Face-Interaktionen erfolgen, in denen sprachlich, bildlich oder in anderer, jedenfalls intersubjektiv nachvollziehbarer Weise Bedeutungszuweisungen in zeigender Weise jeweils Erklingendem zugeordnet werden. Bedeutungs- und Interaktionstheorie sind auf diese Weise aufs Engste miteinander verwoben, denn Reflexion auf Bedeutungs- und Bedeutsamkeitszuweisungen erstreckt sich vor dem erläuterten Hintergrund auf die Rekonstruktion jener Interaktionen, in denen auf intersubjektiv nachvollziehbare Weise einer Musik Bedeutungen und Bedeutsamkeit zugewiesen wurden. Die Modifikation – Erweiterung, Differenzierung oder Korrektur – der Zuweisungen von Bedeutung und Bedeutsamkeit zur Musik in Interaktionen kann auch als Musik-Lernen bezeichnet werden.[7]

---

[6] SEEL, S. 141, 159 und 271 insb.; vgl. ferner BRANDL, S. 240f. insb.

[7] Vgl. SCHERER, S. 57ff. insb. – Scherers Unterscheidung zwischen »Handlungsausführung« aus Sicht des Handelnden und der »Anführung« des durch den Handelnden artikulierten Handlungsschemas beim Beobachter in »Lehr- und Lernsituationen« wird neuerdings durch Gehirnforschung untermauert. Vgl. hierzu SPITZER, S. 87 (mit der entsprechenden Referenzliteratur): »*Spiegelneuronen* [...] repräsentieren eine Bewegung unabhängig davon, ob sie wahrgenommen oder selbst ausgeführt wird. Damit jedoch repräsentieren sie eine Bewegung in einer sehr hochstufigen, abstrakten Weise. Dies wiederum könnte es einem Individuum erlauben, eine Wahrnehmung unschwer in eine Handlung umzusetzen, d. h. eine Bewegung zu imitieren [...]« – Im Rahmen einer ausführlicheren Beantwortung der Frage nach der Genese und Geltung musikalischer Bedeutung müssten die folgenden Aspekte berücksichtigt werden: a) Kritik des »semiotischen Dreiecks«: Notwendigkeit der Verknüpfung von syntaktischer und pragmatischer Bedeutungstheorie; b) Ablehnung des Paradigmas musikalischer Kommunikation; c) Schematisieren ist grundlegender als Zeichenverwendung; d) Bedeutsamkeit von Musik und musikbezogene Bedeutungszuweisung: individuell/»vertikal«; e) individuelle Bedeutungszuweisung und musikalische Bedeutung: sozial/»horizontal«; schließlich wäre f) im Rahmen von interaktionstheoretischen Erörterungen auf die »doppelte Kontingenz« und die Emergenz neuer musikalischer bzw. musikbezogener Schemata in der interaktiven Auseinandersetzung mit Musik einzugehen. Dies alles wird in meinem in Anmerkung 4 angekündigten Beitrag erörtert werden.

Wenn dies alles berücksichtigt würde, so müsste sich jeder Musikunterricht, der sich in didaktischer Hinsicht die obigen Überlegungen zu Eigen macht, der Methode des Klassenmusizierens bedienen. Da musikalische Bedeutung wie auch der (nichtästhetische) Weltbezug von Musik (Bedeutsamkeit) in musikbezogenen Interaktionen »er-handelt« werden, lässt sich sogar sagen, dass das Klassenmusizieren im hier gemeinten Sinne als Paradigma der didaktisch intendierten Genese musikalischer Bedeutung gelten kann: Denn die Zeigehandlungen, die sprachliche oder andere intersubjektiv nachvollziehbare Artikulationen von Interpretation mit ihrer klanglichen Referenz in direkter Sukzession in Verbindung bringen, können in der Situation des Klassenmusizierens von allen Beteiligten (mit-)vollzogen werden.[8] Klassenmusizieren wäre also auch insofern ein Paradigma von Musikunterricht, als in diesem Interaktionszusammenhang der angedeutete Begriff von Musik-Lernen im Sinne der Differenzierung, Erweiterung oder Korrektur erster musikbezogener Bedeutungszuweisungen zur Geltung gebracht würde.

Freilich kann das Klassenmusizieren als in diesem Sinne vorzügliche Methode dem Musikunterricht in didaktischer Hinsicht nicht den Weg weisen: Die eigentlich bildungstheoretischen Überlegungen, die der Bestimmung der Aufgabe des Musikunterrichts dienen sollen, können nicht aus dem Klassenmusizieren – und sei es auch als ein noch so komplexer Tätigkeitszusammenhang konzipiert – extrapoliert werden. Vielmehr bedarf das Klassenmusizieren einer bildungstheoretischen Rahmung, weil es aus sich selbst seine Zielsetzung und seine Inhalte nicht zu bestimmen vermag.[9] Im Folgenden sei also eine bildungstheoretische Argumentation zum Zwecke der Bestimmung der Aufgabe des Musikunterrichts versucht.

Aufgabe des Musikunterrichts

Die Aufgabe des Musikunterrichts im allgemeinbildenden Schulwesen besteht darin, die Fähigkeit zur begründeten Auseinandersetzung mit Musik zu entwickeln. Begründete Auseinandersetzung konkretisiert sich bei denjenigen, die diese Fähigkeit entwickelt haben, in erster Linie in der umsichtigen, d. h.

---

[8] Vgl. Rusch 1992, 1999 und 2000. – Ruschs »Attributionstheorie des Verstehens« bietet eine Alternative zu hermeneutischen Verstehenstheorien.
[9] So lassen sich auch die von Bähr (vgl. Anm. 1) genannten »Begründungen« des Klassenmusizierens nicht aus diesem selbst »ableiten«.

musikalische und andere relevante Kontexte berücksichtigenden Bedeutungszuweisung sowie in deren Differenzierung, Erweiterung und ggf. (partieller) Korrektur im Zuge weiterer, vertiefender Auseinandersetzung. Zu den relevanten Kontexten zählen auch politische und ethische, deren Vernachlässigung unangenehme Konsequenzen für ein glückliches, als sinnvoll empfundenes Leben hätte. So gesehen ist die Rede von »persönliche(r) Entfaltung« in »soziale(r) Verantwortlichkeit« mit Blick auf einen solchen Umgang mit Musik nicht leer.[10] Darüber hinaus *manifestiert sich* eine begründete Auseinandersetzung mit Musik in emphatischer Weise im begründeten, in der unterrichtlichen Interaktion argumentativ einsichtig und nachvollziehbar gemachten musikästhetischen Urteil. Beide: die umsichtige Bedeutungszuweisung und das begründete musikästhetische Urteil *bilden sich* in musikbezogenen Interaktionen oder sind – zumindest virtuell bzw. symbolisch – *auf diese bezogen*. In diesen Interaktionen vollzieht sich musikalische Bildung, die in der vom Verfasser entwickelten »Kommunikativen Musikdidaktik« – und in Anlehnung an den Pädagogen Klaus Schaller – als soziale (und eben nicht individuale) Kategorie begriffen wird.[11] Nicht nur sind bedeutungstheoretische mit interaktionstheoretischen Überlegungen aufs Engste miteinander verknüpft, sondern Letztere sind auch unter den Gesichtspunkten doppelter Kontingenz[12] und der Emergenz neuer, nicht planbarer Bedeutungen und Bedeutsamkeiten[13] für einen Begriff der Bildung relevant, durch den die unvorhersehbare und nicht planbare Hervorbringung des Neuen in Interaktionen ins Zentrum des theoretischen – und unterrichtspraktischen (!) – Interesses rückt.

Klassenmusizieren als Methode eines bildungsrelevanten Musikunterrichts

Über die Fähigkeit zur umsichtigen Bedeutungszuweisung und zum begründeten musikästhetischen Urteil verfügen Lernende – zumindest in Ansätzen –

---

[10] Vgl. z. B. die nordrhein-westfälischen *Richtlinien und Lehrpläne* Musik von 1999, S. XIII.
[11] SCHALLER, S. 65. Zur Kommunikativen Musikdidaktik vgl. ORGASS 1996, 1999 und 2000.
[12] Vgl. LUHMANN 1987, S. 148ff. und 293ff., LUHMANN 2003, S. 315ff. und KIESERLING, S. 86ff.
[13] Vgl. STEPHAN, insbesondere die Überlegungen zum »diachronen Strukturemergentismus« S. 57f. und 70ff.

bereits vor Beginn des Musikunterrichts im allgemeinbildenden Schulwesen, allerdings nicht notwendigerweise (eher nur in selteneren glücklichen Fällen) als Menschen, die ein Instrument gelernt haben oder noch lernen. Insofern bietet das Klassenmusizieren eine Chance: Die genannten musikbezogenen Begründungstätigkeiten können mehr »Schärfentiefe« bekommen, da die Lernenden genauer als ohne das Musizieren wissen, wovon sie sprechen. Die Bedeutungszuweisungen – und damit die auf sie bezogenen musikästhetischen Urteile – können sich in Begriffen vollziehen und auf Schemata rekurrieren, die in musikalischen Handlungen gebildet wurden.

Aber dürfen Menschen nur einer Musik Bedeutungen zuweisen, die sie selbst musizieren können oder an deren klanglicher Realisation sie zumindest selbst in instrumentaler oder vokaler Betätigung beteiligt sind? Diese Frage zu stellen heißt, sie bereits beantwortet zu haben; der Kritiker Joachim Kaiser hat auch vielen Opernaufführungen sein differenziertes Urteil angedeihen lassen, ohne selbst alle Orchesterinstrumente und alle Gesangsfächer studiert zu haben (bzw. studiert haben zu können).[14] Ins Grundsätzliche gewendet: Jene atomistische Vorstellung erscheint absurd, in der kulturelle Bildung gleichsam in Gestalt eines Sahnehäubchens den Kuchen so genannter elementarer musikalischer Bildung ziert und geschmacklich verfeinert. Es verhält sich genau andersherum: Die Interaktion, in der Bedeutungs- und Bedeutsamkeitszuweisungen verhandelt werden, stellt selbst jene Kultur dar, in welcher das Treffen elementarer musikbezogener Unterscheidungen und entsprechender Benennungen überhaupt erst sinnvoll werden kann – nämlich im Zusammenhang mit dem Austausch musikbezogener Bedeutungszuweisungen sowie dem Bewusstwerden, Benennen und Begründen von Bedeutsamkeiten und korrespondierender ästhetischer Urteile. Der Referenzrahmen für ästhetische Urteile zur Musik kann unterschiedlich groß sein – vorhanden ist er und in Anschlag gebracht wird er allemal!

Exkurs: »Erschließung« von Kultur? – Zur Problematik eines Unterrichtsprinzips

»Kultur erschließen« kann so gesehen nicht einfach – wie bei Bähr, Gies, Jank und Nimczik geschehen – den folgenden drei Prinzipien nebengeordnet wer-

---

[14] Z. B. KAISER.

den:[15] Lehren lernpsychologisch aufbauen, Grundkompetenzen vermitteln, subjektive Bedeutsamkeit ermöglichen.[16] Denn indem das durchaus – eben unter anderem – thematisierte Problem, Unterrichtsthemen »nicht von außen« vorgeben zu sollen,[17] nicht als das *zentrale Problem* betrachtet wird, können musikdidaktische Probleme nicht zusammengedacht werden, die systematisch in Beziehung zueinander gesetzt werden *müssen:* subjektive wie auch lerngruppenbezogene *Relevanz* des zu Erlernenden, *Partizipation* der Schülerinnen und Schüler an den didaktischen Entscheidungen – z. B. durch »gemeinsame Themenfindung« – und *Lehrintention*, welche die fachliche Systematik auf die beiden zuerst genannten Parameter zu beziehen hat. Die unterrichtlich zu verrichtenden Tätigkeiten, die diesem Ziel dienen können, sind die »Kontextualisierung« durch Lernende und die »komplementäre Kontextualisierung« durch Lehrende. Hierbei müssen Lernende nicht mit Schülern und Lehrende nicht mit Lehrern identisch sein, sondern die mit letzteren Bezeichnungen zusammenhängenden Tätigkeiten sind nach Maßgabe von Begründung und Begründbarkeit von allen am Unterricht Beteiligten zu verrichten.

Dem entspricht ein Kulturbegriff, mit dem ein Interaktionszusammenhang gemeint ist, in dem Relevanzen (für ein sinnvolles, glückliches Leben) ausgehandelt werden. Relevanz ist vor diesem Hintergrund ein kulturwissenschaftlicher Grundbegriff, eine zentrale Kategorie, auf die Partizipation und Lehrintention zu beziehen sind. Kultur kann so gesehen nicht als quasi-objektiver

---

[15] Vgl. ORGASS 2001 und die hier (S. 5, 2. Spalte sowie Anm. 15 auf S. 9f.) geäußerte Kritik einer Vorstellung von Kulturerschließung, wie sie bei GIES (u. a. 2001) artikuliert wird. Grundsätzlich halte ich diese Kritik immer noch für stichhaltig, obwohl die zunächst vorgelegten Aussagen (bezüglich altersstufenbezogenen Voranschreitens vom »gemeinsamen Musizieren« über »musikbezogenes Handeln« zum »kulturerschließenden Musikunterricht«, vgl. GIES 2001, S. 21f. und BÄHR 2001, S. 230ff.) inzwischen modifiziert wurden. Denn zur Veranschaulichung der genannten Vorstellung des Voranschreitens statt wie zunächst einen Baum (GIES, S. 22) nun ein Kleeblatt zu wählen (BÄHR 2001, S. 231) und damit die erwähnte Progressionsvorstellung aufzugeben, löst noch nicht das – wie ich vorschlage: bedeutungstheoretisch anzugehende – Problem, wie die Differenzierung musikalischer und musikbezogener Bedeutungs- und Bedeutsamkeitszuweisungen sowie die Erweiterung der jeweiligen kontextuellen Rahmungen in jener unterrichtlichen Interaktion, die selbst als kulturelle Praxis zu bezeichnen ist, zu denken wäre. Nicht das »abstrakte musikalische Material *an sich*« (BÄHR 2001, S. 241) ist das Problem, sondern die Ermöglichung der Relevanz des musikbezogen zu Erlernenden (zu dem beispielsweise auch ein Notenlehrgang im Sinne einer »Trockenübung« gehören mag). – Eher kompatibel mit konstruktivistischem Denken erscheint Martin Gecks Ansatz (vgl. GECK).
[16] Vgl. BÄHR 2001, S. 231.
[17] Ebd., S. 240.

Gegenstandsbereich einfach »erschlossen« werden, sondern die Kriterien für die Entwicklung des gemeinten Interaktionszusammenhangs – für die Modifikation des (hier: musikalisch bzw. musikbezogen) Relevanten im Sinne von dessen angestrebter Differenzierung, Erweiterung oder Korrektur – können nur interaktiv als »Kriterien-so-far«[18] bewusst gemacht und begründet weiterentwickelt werden.

Aus diesem Zusammenhang heraus erscheint der immer wieder in Handreichungen für den Musikunterricht zu beobachtende Vorschlag fragwürdig, Lehrer mögen durch eine vorformatierte Gestaltungsarbeit, deren Sinn zunächst für Schüler nicht einsichtig sein dürfte, eine »Annäherung« an eine »zu erschließende« Musik ermöglichen. Dies ist z. B. der Fall im schon erwähnten Aufsatz,[19] wo mittels einer als Passacaglia bzw. als Chaconne angelegten Gestaltungsarbeit die »Passacaglia« d-Moll aus Johann Philipp Kriegers F-Dur-Partita »Lustige Feld-Music« Nr. 3 (für Bläser und Streicher), eine Klavierimprovisation von Keith Jarrett (Zugabe im Tokio-Konzert am 14.11.1976) und György Ligetis »Hungarian Rock (Chaconne)« für Cembalo vergleichend »erschlossen« werden sollen.[20] So sinnvoll ein solcher aspektbezogener Längsschnitt durch die Musikgeschichte sein mag – der vorgeschlagene Beginn mit der Gestaltungsarbeit[21] ist als Setzung durch den Musiklehrer nicht einsichtig. Schüler sollen also eine zunächst nicht begründete, sondern nur aus Sicht des Lehrenden begründ*bare* musikalische Tätigkeit verrichten. Sie lassen sich auf ein solches Verfahren, das von ihnen autoritätsgläubige Folgsamkeit verlangt, in der Regel ein – leider, möchte man sagen; didaktisch sinnvoll ist dieses Procedere nicht, soweit die Begründung der Unterrichtshandlungen als didaktisches Regulativ (als Maßgabe) hoch geschätzt wird. – Im anderen, direkt vergleichbaren Fall[22] wird immerhin von einem »Einhören« in die Klavierimprovisation von Keith Jarrett ausgegangen, worauf dann der Lehrer die im »Lehrerkommentar« vorgeschlagene Kontextualisierung vornehmen kann. Die Reihenfolge ist aber mit Blick auf die subjektiv einsichtige Sinnhaftigkeit der Tätigkeiten der Schüler nicht beliebig, wie nunmehr deutlich geworden sein dürfte: »Erste Bedeutungszuweisungen« müssen ohne Manipulation ermöglicht werden. – Im Übrigen sollten konstruktivistisch gesinnte Lehrende den Anfang von Lernprozessen

---

[18] Vgl. SCHMIDT, S. 23 und 195ff.; hier auch der Abdruck von MITTERER, S. 55ff.
[19] BÄHR 2001, S. 242ff.
[20] Vgl. auch NIMCZIK 2000a, S. 39 und NIMCZIK 2000b, S. 44ff.
[21] BÄHR 2001, S. 244 z. Vgl.: »anfängliche Gestaltungsarbeit«.
[22] NIMCZIK 2000a, S. 39.

möglichst nicht durch »Trivialisierungen« und ein hierfür erforderliches »Eingreifen« ermöglichen, sondern durch »Nicht-Trivialisierung« (Umgang mit »Pluralität und Komplexität«), der die Lehrtätigkeit des »Anregens« bzw. Perturbierens entspricht.[23]

Mit einem Kulturbegriff, mit dem ein – Relevanzen thematisierender – Interaktionszusammenhang gemeint ist, wird systematisch eine »Musealisierung« von Musik sowie deren – immer nur fälschlicherweise als möglich vermeinte – Objektivierung vermieden. Kanonisierung großer Meisterwerke der Musik zum Zwecke der Durchsetzung von deren Relevanz für die nachwachsende(n) Generation(en) erscheint vor diesem Hintergrund als ohnmächtiges Unterfangen. Die von der älteren Generation für relevant gehaltene Musik sollte aus anderen als administrativen Gründen für die Jüngeren relevant werden. Seit Wolfgang Klafki reflektiert Didaktik darüber, unter welchen Bedingungen dieses zwanglose Relevantwerden kultureller Hervorbringungen möglich ist. Demgegenüber droht zurzeit die politisch durchgesetzte Reduktion von Didaktik auf Methodik: Es sind bloß noch methodische Überlegungen für die unterrichtliche Thematisierung der administrativ durchgesetzten Werke vonnöten. – Zu hoffen bleibt, dass eine solche »Abschaffung didaktischen Denkens« durch politische Entscheidungsträger und durch Lehrende des Fachs Musik verhindert (werden) wird!

Ein letzter Gedanke zur Umsicht bei der Bedeutungszuweisung: Diese wird auch Musik in den Blick (ins Gehör) nehmen müssen, die sich im Rahmen des Klassenmusizierens nicht (sinnvoll, ohne Karikatur) realisieren lässt. Dies gilt nicht bloß für die Arbeit an der Differenzierung musikbezogener Bedeutungs- und Bedeutsamkeitszuweisungen im Rahmen des Musik-Lernens – also (cum grano salis) für die musikbezogene Sinnvermittlung –, sondern auch für die – nicht nur zu tolerierende, sondern aktiv durch Lehrende zu ermöglichende – interaktive Hervorbringung neuen musikalischen Sinns bspw. im Rahmen des Erfindens von Musik in der Lerngruppe. Hier wird sich Umsicht bei der Arbeit an der Differenzierung – oder allgemeiner: Modifikation – der jeweiligen musikbezogenen »Bedeutungs- und Bedeutsamkeitszuweisungen-so-far« auch auf historische, jedenfalls bereits vorhandene Musik beziehen, die sich als Modell für die Lösung auch jener kompositorischen Probleme begreifen bzw. (re-)konstruieren lässt, die in der Lerngruppe virulent werden. Nicht zuletzt daran zeigt sich, dass die Methode des Klassenmusizierens, wie ich sie in Anlehnung an Jo-

---

[23] Vgl. WYRWA, S. 15ff., S. 26 und 28 insb.

hannes Bähr begreife, auf Musikdidaktik angewiesen ist – auch wenn man diese nicht als Kommunikative Musikdidaktik konzipiert.[24]

Literatur

BÄHR, JOHANNES (2005): *Klassenmusizieren*, in: JANK, WERNER (Hg.): *Musik-Didaktik. Praxishandbuch für die Sekundarstufe I und II*. Berlin, S. 159ff.

BÄHR, JOHANNES/ GIES, STEFAN/ JANK, WERNER/ NIMCZIK, ORTWIN (2001): *Zukunft des Musikunterrichts – Musikunterricht der Zukunft*, in: PILNITZ, KARIN/ SCHÜSSLER, BERTHOLD/ TERHAG, JÜRGEN (Hg.): *Musikunterricht heute 4: Musik in den Medien – Medien in der Musik*, hg. im Auftrag des AfS (Arbeitskreis für Schulmusik) als AfS-Jahrbuch 2001. Oldershausen, S. 230ff.

BRANDL, RUDOLF M. (1998): *Ein ethnosemiotischer Ansatz zum »Kontext als Text« aus musikanthropologischer Sicht*, in: DANUSER, HERMANN/ PLEBUCH, TOBIAS (Hg.): *Musik als Text. Bericht über den Internationalen Kongress der Gesellschaft für Musikforschung, Freiburg im Breisgau 1993, Bd. 1: Hauptreferate, Symposien, Kolloquien.* Kassel u. a., S. 234ff.

FALTIN, PETER (1985): *Bedeutung ästhetischer Zeichen. Musik und Sprache* (= Aachener Studien zur Semiotik und Kommunikationsforschung, Bd. 1). Aachen

GECK, MARTIN (1994): *Kulturerschließende Musikdidaktik. Plädoyer wider eine formalistische Musiklehre*, in: Musik & Bildung 5, S. 4ff.

---

[24] Eine der didaktischen »Rahmenentscheidungen« auch für das Klassenmusizieren ist im Sinne der Kommunikativen Musikdidaktik die »gemeinsame Themenfindung« in einer Lerngruppe (vgl. *Richtlinien* in Nordrhein-Westfalen. Musik, S. 14ff. Anm. 10), die in der gymnasialen Oberstufe obligatorisch durchzuführen und in tieferen Jahrgangsstufen methodisch in kleineren Zusammenhängen vorzubereiten ist. Dass dieses Verfahren durch die nunmehr erfolgte Einführung des Zentralabiturs in Nordrhein-Westfalen in gewisser Weise obsolet geworden ist, verweist nicht auf das Scheitern der genannten musikdidaktischen Konzeption, sondern auf das Versagen der Schulpolitik im Sinne eines Nicht-ernst-Nehmens der in den Richtlinienteilen selbst artikulierten normativen Rahmung, in denen (immer noch) das Erziehungsziel der Selbstständigkeit und Selbstverantwortung hochgehalten wird (s. o.: Anm. 10 sowie die dazugehörige Passage im Haupttext). Diese Gedankenlosigkeit zeigt sich in der kontextlosen Angabe von obligatorisch zu thematisierenden Werken (vgl. <http://www.learn-line.nrw.de/angebote/abitur/>), mit der nicht einmal das Niveau musikbezogener Problematisierung erreicht wird, wie sie bspw. in Bayern im Zuge der Realisation des Zentralabiturs vorgeschrieben wird. Dass auch dort – in Bayern – die Problemstellung im Sinne einer Anregung zum Denken-Lernen (das ja weit über das Lernen des Lernens hinausgehen müsste) besser von den Schülerinnen und Schülern in zunehmendem Maße – bis zur Selbstständigkeit im Abiturjahrgang – selbst gefunden werden sollte, ergibt sich aus den obigen Überlegungen.

Gies, Stefan/ Jank, Werner/ Nimczik, Ortwin (2001): *Musik lernen. Zur Neukonzeption des Musikunterrichts in den allgemeinbildenden Schulen*, in: Diskussion Musikpädagogik 9, S. 6ff.

Kaiser, Joachim (1982): *Erlebte Musik*. Teil 1: *Von Bach bis Verdi;* Teil 2: *Von Wagner bis Zimmermann*. München u. a. (^{1}1977).

Kieserling, André (1999): *Kommunikation unter Anwesenden. Studien über Interaktionssysteme*, Frankfurt a. M. (zugleich: revidierte Fassung der Diss., Univ. Bielefeld, 1997)

Luhmann, Niklas (1987): *Soziale Systeme. Grundriß einer allgemeinen Theorie*, Frankfurt a. M. (^{1}1984)

Ders. (2003): *Einführung in die Systemtheorie* (1991/1992), hg. von Baecker, Dirk. Darmstadt (Heidelberg ^{1}2002)

Ministerium für Schule und Weiterbildung, Wissenschaft und Forschung des Landes Nordrhein-Westfalen (Hg.) (1999): *Sekundarstufe II – Gymnasium/Gesamtschule in Nordrhein-Westfalen. Richtlinien und Lehrpläne Musik* (= Schriftenreihe Schule in NRW, Nr. 4702). Frechen

Mitterer, Josef (1993): *Das Jenseits der Philosophie. Wider das dualistische Erkenntnisprinzip*, hg. von Peter Engelmann. 2., durchgesehene Aufl. Wien (^{1}1992)

Nimczik, Ortwin/ Schneider, Ernst Klaus (2000a): *Klangwerkstatt. Hören – Entdecken und Untersuchen – Gestalten. Schülerheft*. Mainz

Diess. (2000b): *Klangwerkstatt. Hören – Entdecken und Untersuchen – Gestalten. Lehrerkommentar*. Mainz

Orgass, Stefan (1996): *Kommunikative Musikdidaktik. Ansätze zu ihrer ästhetischen und pädagogischen Begründung sowie zwei praktische Erprobungen* (= Forum Musikpädagogik, Bd. 22). Augsburg

Ders.(1999): *Musikalische Bildung als soziale Kategorie – Musikunterricht als bildungsrelevante Praxis. Überlegungen aus der Sicht Kommunikativer Musikdidaktik*, in: Musik & Bildung 6, S. 10ff.

Ders. (2000): *Unterrichtliche Interaktion. Angebote der Kommunikativen Musikdidaktik*, in: Musik & Bildung 3, S. 34ff.

Ders. (2001): *Musikunterricht in einer sich verändernden Schulkultur. Notwendigkeit und Probleme der Teilhabe von Lernenden an den didaktischen Entscheidungen*, in: Musik in der Schule 3, S. 4ff.

Ders. (2005, im Druck): *Musikalische Bildung aus bedeutungs- und interaktionstheoretischer Perspektive*, in: *Musik, Bildung und Textualität. Bericht zum interdisziplinären Kolloquium der Friedrich-Alexander-Universität Erlangen-Nürnberg am 8. Juli 2005* (= Reihe Erlanger Forschungen).

Rusch, Gebhard (1992): *Auffassen, Begreifen und Verstehen. Neue Überlegungen zu einer konstruktivistischen Theorie des Verstehens*, in: Schmidt, Siegfried J. (Hg.): *Kognition und Gesellschaft. Der Diskurs des Radikalen Konstruktivismus 2*. Frankfurt a. M., S. 214ff.

DERS. (1999): *Konstruktivistische Theorien des Verstehens*, in: DERS. (Hg.): *Wissen und Wirklichkeit. Beiträge zum Konstruktivismus. Eine Hommage an Ernst von Glasersfeld* (= Reihe Konstruktivismus und systemisches Denken). Heidelberg, S. 127ff.

DERS. (2000): *Verstehen. Zum Verhältnis von Konstruktivismus und Hermeneutik*, in: FISCHER, HANS RUDI/ SCHMIDT, SIEGFRIED J. (Hg.): *Wirklichkeit und Welterzeugung. In memoriam Nelson Goodman.* Heidelberg, S. 350ff.

SCHALLER, KLAUS (1987): *Pädagogik der Kommunikation. Annäherungen – Erprobungen.* Sankt Augustin

SCHERER, BERND MICHAEL (1984): *Prolegomena zu einer einheitlichen Zeichentheorie. Ch. S. Peirces Einbettung der Semiotik in die Pragmatik* (= Probleme der Semiotik, Bd. 3). Tübingen

SCHMIDT, SIEGFRIED J. (1998): *Die Zähmung des Blicks. Konstruktivismus – Empirie – Wissenschaft.* Frankfurt a. M.

SEEL, MARTIN (1985): *Die Kunst der Entzweiung. Zum Begriff der ästhetischen Rationalität.* Frankfurt a. M.

SPITZER, MANFRED (2004): *Selbstbestimmen. Gehirnforschung und die Frage: Was sollen wir tun?* Heidelberg u.a.

STEPHAN, ACHIM (1999): *Emergenz. Von der Unvorhersagbarkeit zur Selbstorganisation* (= Theorie & Analyse, Bd. 2). Dresden u. a.

WYRWA, HOLGER (1995): *Konstruktivismus und Schulpädagogik – Eine Allianz für die Zukunft?*, in: Landesinstitut für Schule und Weiterbildung (Hg.) (1995): *Lehren und Lernen als konstruktive Tätigkeit. Beiträge zu einer konstruktivistischen Theorie des Unterrichts.* Bönen

Christian Rolle (Saarbrücken)

Klassenmusizieren als ästhetische Praxis?

Der Begriff »Klassenmusizieren« hat einen musikantischen Beigeschmack. Von künstlerischer Praxis scheint er weit entfernt. Wenn wir beschreiben, was ein Streichquartett tut, das eine Komposition für zwei Violinen, Viola und Cello interpretiert, verwenden wir in der Regel nicht das Wort »musizieren«. Entscheidend ist dabei nicht, ob es sich bei den Ausführenden um Profis oder um Laien handelt – der volkstümliche Musikant mag eine musikalische Ausbildung genossen haben und lebt vielleicht ganz gut von seiner Musik, während die Mitglieder der Amateur-Rockband, die zwei Abende die Woche ernsthaft an den Stücken für ihren nächsten unbezahlten Auftritt arbeiten, ihre Freizeitbeschäftigung wahrscheinlich genauso wenig wie die vier Streicher als Musizieren bezeichnen würden (stattdessen spielen sie ihre Instrumente und machen Musik). Welches Wort wir benutzen, um einen Vorgang der Musikproduktion zu bezeichnen (und dabei zu charakterisieren), hängt vermutlich nicht zuletzt davon ab, ob wir den Akteuren die Absicht unterstellen, so etwas wie künstlerischen Qualitätsansprüchen zu genügen, d. h., ob wir vermuten, dass sie – bei allen handwerklichen Unzulänglichkeiten, die dem Erfolg entgegenstehen mögen – Wert auf die ästhetische Qualität der zu realisierenden Klangergebnisse legen. Während bei dem, was gewöhnlich Musizieren genannt wird, der selbstgenügsame Vollzug des Musikmachens oder, anders formuliert: der Spaß am (häufig gemeinsamen) Musikmachen im Vordergrund steht (oder im Musikantenstadl die inszenierte Freude am gemeinsamen Singen und Mitklatschen zumindest eine wichtige mediale Botschaft darstellt), orientiert sich eine (im weitesten Sinne) künstlerische Produktionspraxis an der Herstellung eines Wahrnehmungsobjektes, das eine lohnenswerte ästhetische Erfahrung verspricht.[1] Das gilt sogar noch dann, wenn

---

[1] Dass sich die ästhetische Wahrnehmung lohnt, ist damit natürlich noch nicht gesichert. Andererseits kann ein Objekt, das nicht in dieser Absicht entstanden ist, ein vorzüglicher Gegenstand ästhetischer Wahrnehmungspraxis sein. Wer es darauf anlegt, wird in ästhetischer Einstellung in vielem – ob Alltagsgeräusche, Naturklänge oder volkstümlich Musiziertes im Fernsehen – Hörenswertes und Bedeutendes entdecken.

die Ausführenden einer Gruppenimprovisation nicht für ein anderes Publikum spielen, sondern nur selbst die gleichzeitig Spielenden und Wahrnehmenden sind. Die entscheidende Differenz kann in Anlehnung an Adorno durch die Frage markiert werden, ob es allein darauf ankommt, dass gefidelt, oder ob es auch darum geht, was und wie es gegeigt wird.

Nun mag es Pädagogen geben, die keinen Wert auf eine solche Bewertung legen, weil sie der Auffassung sind, dass es musikerzieherisch schon von Wert ist, wenn überhaupt Musik gemacht wird. Einige weisen vielleicht darauf hin, dass künstlerische oder ästhetische Maßstäbe dort, wo musikpädagogisch musiziert wird, keine Anwendung finden können, weil in pädagogischer Praxis andere Maßstäbe gelten.[2] Und manche Pädagogen warnen, dass von außen herangetragene oder auch von den Schülern selbst formulierte Qualitätsanforderungen an ihre Produkte leicht Mutlosigkeit zur Folge haben könnten, und empfehlen deshalb bewertungsfreie Spielräume. Alle diese Einwände haben ihr eingeschränktes Recht. Bevor sich beurteilen lässt, wie *attraktiv* ein selbst erzeugter Klang ist, muss zunächst mal jemand da sein, der ihn erzeugt. Künstlerischer Anspruch kann die pädagogische Verantwortung nicht ersetzen; zu dieser gehört, dass Anforderungen so gestellt werden, dass sie motivieren, statt zu frustrieren. Aber Bewertungen wie »Das klingt gut, hör mal zu!« (was auch bedeutet: Das empfehle ich dir zur ästhetischen Wahrnehmung) oder »Das ist (noch) nicht gelungen; es bringt nicht das zum Ausdruck, was es ausdrücken soll« sind wichtig für ein Konzept musikalisch-ästhetischer Bildung. Die Dimension ästhetischer Urteile ist wichtig, wenn man davon ausgeht, dass musikalische Bildung stattfinden kann, wenn Menschen in musikalischer Praxis ästhetische Erfahrungen machen, und wenn man der Musikpädagogik deshalb die Aufgabe überträgt, pädagogische Räume für solche ästhetischen Erfahrungen zu inszenieren.[3] Ob dabei eigene Musik produziert wird oder die Wahrnehmung fremder Musik im Mittelpunkt steht: in jedem Fall ist es erforderlich, dass die Beteiligten eine ästhetische Einstellung einnehmen und die im pädagogischen Kontext geschaffe-

---

[2] Es lässt sich auch die Ansicht vertreten, die Praxis ästhetischer Kritik sei eine kulturelle Besonderheit in der Tradition abendländischer Kunst (-musik) und ästhetische Bewertungen müssten deshalb auf diese beschränkt bleiben, während sich bei anderen Musikkulturen höchstens Fragen handwerklicher Qualität und stilistischer Angemessenheit stellten. Einer Ästhetik, die allgemein und mehr ist als Kunstphilosophie, sollte es jedoch gelingen, den Bereich möglicher Gegenstände ästhetischer Urteile auszudehnen, ohne dass falsche Maßstäbe angelegt würden. Siehe dazu z. B. SEEL.
[3] Siehe dazu ausführlicher ROLLE 1999 sowie WALLBAUM, vgl. außerdem den Beitrag von Christopher WALLBAUM in diesem Band.

nen Gelegenheiten zur ästhetischen Praxis ergreifen, zu der immer Momente von Bewertung gehören. Der Beitrag, den das gemeinsame Musikmachen im Klassenverband zu einer so verstandenen ästhetischen Bildung leisten kann, misst sich daran, ob es unmittelbar (als Form ästhetischer Produktionspraxis) oder mittelbar unterstützend (etwa vorbereitend) zur Inszenierung ästhetischer Erfahrungsräume geeignet ist.

Das oben geäußerte Unbehagen gegenüber dem Begriff Klassenmusizieren lässt zwei Lösungen zu: Entweder man verzichtet auf ihn und verwendet stattdessen nur noch Ausdrücke wie »Musikmachen mit der ganzen Klasse« oder man beugt sich dem musikdidaktischen Sprachgebrauch und versucht deutlich zu machen, wann es sich beim Klassenmusizieren eben doch um eine Spielart ästhetischer Musikpraxis in der Schule handeln kann.[4] Die Frage, in welchem Verhältnis das Klassenmusizieren zum Musikunterricht stehen sollte (und damit: welche Bedeutung es für musikalisch-ästhetische Bildung haben kann), führt also zur Frage, unter welchen Bedingungen es als ästhetische Praxis begriffen werden kann. Zunächst erscheint es jedoch sinnvoll, verschiedene (Organisations-) Formen des Klassenmusizierens voneinander zu unterscheiden. Drei grundsätzliche Verhältnisse sollen dafür betrachtet werden: Klassenmusizieren *im* Musikunterricht, Klassenmusizieren *neben* dem Musikunterricht, Klassenmusizieren *als* Musikunterricht.

Es dürfte in der Musikpädagogik weitgehend Einigkeit darüber bestehen, dass das Musikmachen *im* Klassenverband eine empfehlenswerte Aktionsform darstellt, auch wenn es in der Unterrichtswirklichkeit mancher Schulen nicht den Stellenwert haben mag, der ihm gebührt. Das Klassenmusizieren ermöglicht nämlich besonderes (und in vielen Fällen besonders nachhaltiges) musikalisches Lernen und es eröffnet Gelegenheiten zu besonderen (und zwar häufig besonders eindrucksvollen) musikbezogenen Erfahrungen. Man muss dafür nicht unbedingt mit den Begriffen eines Konzepts ästhetischer Bildung werben – es lassen sich noch viele andere Begründungen (etwa neurobiologische oder lernpsychologische) anführen.[5] Je nach Begründungszusammenhang kann es zwar zu unter-

---

[4] Um Missverständnissen vorzubeugen, sei ausdrücklich darauf hingewiesen, dass es auch Spielarten ästhetischer Musikpraxis (und zwar auch in der Schule und im Klassenunterricht) gibt, bei denen keine musikalischen Klänge erzeugt werden: Wir können bei Konzertbesuchen oder in anderen Situationen Musik in ästhetischer Einstellung hören, wir können zu Musik tanzen, wir können den Ausdruck eines Stücks sprechend, schreibend oder malend interpretieren. Das Wort Musik-*Praxis* ist hier also in einem weiten Sinne gemeint, auch wenn im Folgenden das Musik-*Machen* im Vordergrund stehen wird.

[5] Eine Liste möglicher Begründungen findet sich z. B. bei BÄHR.

schiedlichen Auffassungen darüber kommen, welchen Umfang das gemeinsame Instrumentalspiel bzw. Singen im Unterricht einnehmen und vor allem wie es stattfinden soll, d. h., worauf es dabei ankommt, aber es wird musikpädagogisch kaum daran gezweifelt, dass das Klassenmusizieren *im* Musikunterricht seinen Platz haben sollte.

Es gibt aber auch Organisationsformen des Klassenmusizierens, die *neben* dem regulären Musikunterricht angesiedelt sind – beispielsweise wenn eine von zwei Musikstunden für das Ensemblespiel reserviert oder wenn eine zusätzliche Stunde »Klassenorchester« vorgesehen ist. Falls es sich um *zusätzliche* musikpädagogische *Angebote* handelt, kann dagegen kaum etwas einzuwenden sein. Dass an einer Schule über den in der Stundentafel vorgesehenen Musikunterricht hinaus Ensemblespielmöglichkeiten geschaffen werden, ist zunächst einmal eine gute Sache, obwohl für ein endgültiges Urteil im Einzelnen genau geprüft werden müsste, *wie* dort gearbeitet wird. Entscheidend ist u. a. die Zugänglichkeit derartiger Angebote: Ist die Schule darum bemüht, allen die Möglichkeit zur Teilnahme zu eröffnen, oder handelt es sich um exklusive Veranstaltungen? Freiwillige außerunterrichtliche AGs wie Chöre, Orchester oder Big Bands gibt es an fast allen Schulen, die Organisationsform »Klassenorchester« hat allerdings einen anderen Charakter. Eine Klasse (vielerorts Musikklasse genannt) hat hier in der Regel nicht nur ein zusätzliches Angebot, sondern im Rahmen von so genanntem erweiterten Musikunterricht auch eine Verpflichtung zum gemeinsamen Musizieren, d. h., das Klassenorchester gehört in einem solchen Fall zu den Pflichtstunden. Wird bei der Entscheidung für eine weiterführende Schule von den Schülerinnen und Schülern (bzw. von ihren Eltern) ein Musikzweig gewählt, so müssen sie meistens über zwei, drei Jahre mitmachen, wenn sie in der Klasse bleiben wollen. Umgekehrt kann die Wahlfreiheit nicht nur durch fehlende Angebote in Wohnortnähe, sondern vor allem auch durch Bedingungen wie »Anschaffung eines (bestimmten) Instruments« oder »Finanzierung privaten Instrumentalunterrichts« oder durch einen Eignungstest eingeschränkt sein.

Ein solches Nebeneinander von Musikklassen (mit zusätzlichen Klassenorchesterstunden) und Nicht-Musikklassen sowie das Problem eingeschränkter Zugänglichkeit kann zu zwei wenig wünschenswerten Arten von Auftrennungen oder Entmischungen führen: Erstens kann es sein, dass in den regulären Musikstunden der Musikklasse gar nicht mehr und in den Klassenorchesterstunden nur musiziert wird – nach dem Motto: »Heute machen wir Theorie, aber am Donnerstag im Klassenorchester, wenn ihr alle eure Instrumente dabeihabt, wird wieder Musik gemacht.« Die eigentlich wünschenswerte Verknüpfung unterschiedlicher Praxisfelder und Unterrichtsformen wird auf diese Weise zumindest erschwert. Das muss natürlich nicht so kommen, und im günstigen Fall einer Personalunion hat die Lehrkraft die Möglichkeit zu einer weitgehenden Integration. Eine zweite mögliche Desintegration erschwert die musikpädagogische Arbeit im regulären Pflicht-Musikunterricht der Nicht-Musikklasse: Dort fehlen eventuell die musikbegeisterten und motivierten Schüler, die nun alle in der parallelen Musikklasse sitzen. Die Folgen betreffen nicht nur den Musikunterricht, sondern – wenn man Erfahrungsberichten aus Schulen Glauben schenkt – in vielen Fällen das Leistungsniveau der Klassen insgesamt, das in Musikklassen häufig höher ist. Die Ursache einer solchen Nebenwirkung schulischer Profilbildung ist wahrscheinlich nicht darin zu suchen, dass die Klassenorchesterarbeit die Schüler der Musikklasse intelligenter macht, sondern zu vermuten ist eher, dass die Entscheidung der Eltern für oder wider »Musikklasse« von vornherein mit der Leistungsfähigkeit der Kinder korreliert. Es sind nämlich häufig die gebildeteren Elternhäuser, so darf vermutet werden, in denen Wert auf die musikalische Bildung des Nachwuchses gelegt wird. Und wenn die Schüler von Musikklassen dazu verpflichtet werden, privat oder an Musikschulen Instrumentalunterricht zu nehmen, macht sich der soziale Hintergrund bemerkbar. So etwas klappt an vielen Schulstandorten hervorragend, die Nachfrage nach Musikklassen ist groß und die Eltern zahlen bereitwillig die monatlichen Beiträge. Kinder, deren Eltern das Geld nicht aufbringen können, kommen dagegen nicht in den Genuss des musikpädagogischen Angebots, das auf diese Weise an allgemeinbildenden Schulen zur Verfügung gestellt wird.

Eine etwas andere Variante des Nebeneinanders liegt vor, wenn der erweiterte Musikunterricht selbst eine instrumentalpädagogische Funktion hat, d. h., wenn von den Schülerinnen und Schülern innerhalb des unterrichtsergänzenden Angebots in Gruppen (vielleicht sogar im ganzen Klassenverband) ein Instrument erlernt wird. Auf solche Weise an allgemeinbildenden Schulen günstige oder sogar kostenlose instrumentalpädagogische Angebote zu schaffen, ist zweifellos eine gute Sache. Gerade im Hinblick auf die Entwicklung von erweiterten Ganztagsschulangeboten liegen hier wünschenswerte Möglichkeiten. Es besteht allerdings keine Notwendigkeit, den instrumentalen Gruppenunterricht klassenweise zu organisieren. Warum muss ein Schüler Geige lernen, bloß weil er in der 6b ist, obwohl ihm die Klarinette inzwischen viel besser gefällt oder er beschlossen hat, dass seine Zukunft eher im Sport als in der Musik liegt? Auch wenn flexiblere Lösungen, die – beispielsweise durch klassenübergreifende Kursangebote und Einwahlmodelle – quer zu bestehenden Klassenstrukturen liegen, etwas komplizierter zu organisieren sind: sie verhindern die oben angesprochenen Desintegrationen.⁶ Wie auch immer die Organisation erfolgt und unabhängig davon, ob man dort von ästhetischer Gruppenunterrichtspraxis reden kann: der reguläre Musikunterricht wird durch instrumentalpädagogische Zusatzangebote in jedem Fall profitieren. Denn auch wenn diese nicht von allen Schülerinnen und Schülern wahrgenommen werden und auch wenn hier zunächst nur Handwerkszeug gelernt und nicht schon Musik gemacht wird: durch die auf diese Weise erworbenen und in den Unterricht eingebrachten Techniken der Musikproduktion ergeben sich neue Perspektiven für die Inszenierung ästhetischer Erfahrungsräume.

Noch wieder anders ist die Lage zu beurteilen, wenn es um ein Modell »Klassenmusizieren *als* Musikunterricht« geht. Zunächst wäre zu fragen, ob das Klassenmusizieren den Musikunterricht a) in allen oder den meisten Schulstufen oder b) nur in einigen Schulstufen, also nur teilweise ersetzen soll. Für ein Konzept, in dem beispielsweise zwei Schuljahre – etwa in Klasse 5 und 6 – ausschließlich Bläser- oder Streicherklassenunterricht stattfindet, spricht ja immerhin, dass die Früchte, die (um es in der Terminologie des Konzepts Aufbauenden Musikunterrichts zu formulieren)⁷ aus dem dort erfolgten systematischen Aufbau musikalischer Teilkompetenzen im Rahmen des Klassenmusizierens erwachsen, in den darauf folgenden Schulstufen in einem auf die Erschließung von Kunst und Kultur oder an ästhetischer Musikpraxis interessierten Musikunterricht geerntet werden können. Allerdings: wie beim Nebeneinander von Klassenmusizieren und Musikunterricht gilt auch für das Nacheinander, dass wünschenswerte Verknüpfungen erschwert werden. Zwei Jahre lang nur instrumentalpädagogische Ziele zu verfolgen und musikalische Bildung (im weiteren Sinne) auf später zu verschieben, ist keine günstige Vorgehensweise.⁸ Es sollten also besser integrative Möglichkeiten gesucht werden, bei denen Instrumentallehrgänge, Ensemblespiel und andere Unterrichtsformen und -inhalte nicht getrennt, sondern aufeinander bezogen werden.

---

6   Es ist allerdings auch nicht zwingend notwendig, den *regulären* Musikunterricht klassenweise mit einer Stunde am Montag in der dritten und einer anderen am Donnerstag in der sechsten zu organisieren. Projektorientiertes Arbeiten (und das ist aus Sicht einer musikalischen Produktionsdidaktik häufig empfehlenswert) lässt sich auch fächer- und stufenübergreifend – ggf. differenziert mit Wahlangeboten – verwirklichen.
7   Siehe JANK, S. 92ff.
8   Zusätzliche Angebote für instrumentalen Gruppenunterricht, die etwa in Form von Streicherklassen an Stellen geschaffen werden, an denen in der Stundentafel gar kein regulärer Musikunterricht vorgesehen ist oder wo er mangels Lehrkräften ausfällt, müssen wieder anders beurteilt werden.

Wenn Formen des Klassenmusizierens den herkömmlichen Musikunterricht nicht bereichern oder ergänzen, sondern ganz ersetzen sollen, müssten sie geeignet sein, dessen Aufgaben zu übernehmen und die damit verbundenen Ziele zu verfolgen. Das ist schwer vorstellbar. Nicht alles, worauf es im Musikunterricht ankommt, kann durch gemeinsames Musizieren erreicht werden: Musik hören, die andere gemacht haben, über Musik sprechen, die nicht in der Klasse realisierbar ist, den Zusammenhang von Bild und Ton in Film, Werbung und Videoclips untersuchen – dafür legt man die Trompete am besten eine Weile aus der Hand. Es gibt viele Inhalte und Methoden des Musikunterrichts, deren Bildungspotential sich nicht durch das Musikmachen im Klassenverband ersetzen lässt. Klassenmusizieren *als* Musikunterricht – das wäre nur vertretbar, wenn das Musikmachen im Klassenverband nicht einfach als eine Unterrichtsform, sondern als ein integratives Unterrichtsprinzip im weiteren Sinne verstanden würde.[9] Ein ernstzunehmendes, über mehrere Schulstufen angelegtes Modell von Klassenmusizieren *als* Musikunterricht, das andere Zugänge und Inhalte zu berücksichtigen sucht und somit als integratives Konzept verstanden werden kann, läuft dann hinaus auf Klassenmusizieren *im* Musikunterricht. Wenn das Klassenmusizieren *eine* Spielart ästhetischer Musikpraxis *im* Unterricht darstellen soll, müssen den Schülerinnen und Schülern Freiräume zur eigenen Gestaltung und zum eigenen ästhetischen Urteil zugespielt werden, um so ästhetische Erfahrungsräume zu schaffen.[10] Ein paar Punkte, auf die es dabei ankommt, sollen im Folgenden benannt werden.

Wenn das Klassenmusizieren als ästhetische Praxis verstanden werden soll, kommt es an auf die Qualität der Kompositionen und Arrangements, die von der Klasse gespielt werden, und auf die Qualität, in der sie gespielt werden.[11] Es genügt nicht schon, dass überhaupt Musik gemacht wird, sondern entscheidend ist, was wie gespielt wird. Einen solchen Anspruch zu erheben, bedeutet nicht, von den Schülern Interpretationen großer Musikwerke zu fordern, die nach den Maßstäben des Kunstbetriebs als gelungen gelten dürfen, sondern lediglich zu erwarten, dass die Beteiligten unter den gegebenen Voraussetzungen (bei allen unvermeidlichen Schwierigkeiten und mit allen notwendigen Einschränkun-

---

[9] Vgl. den Beitrag von Heinz GEUEN in diesem Band.
[10] Das schließt nicht aus, dass außerdem noch Spieltechniken auf Instrumenten erlernt werden, wenn nur möglichst schon mit dem ersten Ton Musik gemacht wird.
[11] Das ist etwas anderes als die Frage nach der Qualität und nach Verfahren der Qualitätssicherung von Musikunterricht. Die hier versuchten Antworten auf die Frage, worauf es beim Musikmachen mit der ganzen Klasse ankommt, lassen sich allerdings insgesamt als Qualitätskriterien von Unterricht verstehen.

gen) überhaupt Wert auf die Frage nach der Gelungenheit des Klangergebnisses legen. Die Antwort kann nicht – oder jedenfalls nicht allein – die Lehrkraft geben, es geht auch nicht um Leistungsbewertung im Hinblick auf Zensuren in Zeugnissen, sondern die Auseinandersetzung darüber, ob das Selbstproduzierte so, wie es ist, gut klingt, muss vor allem von den Produzenten, den Schülerinnen und Schülern, geführt werden. Es geht nicht darum, dass an das Klassenmusizieren von außen gesetzte Qualitätsmaßstäbe angelegt und eingehalten werden, sondern dass die Beteiligten über die Qualität des zu Spielenden und des Gespielten diskutieren und Maßstäbe entwickeln. Gestaltungsmerkmale, auf die sie Einfluss haben, lassen sich dann ggf. ändern; gleichzeitig muss hingenommen werden, dass es Bedingungen gibt, die – jedenfalls im Moment – nicht zu ändern sind (Welche Instrumente stehen zur Verfügung? Welche Spielfertigkeit ist vorhanden?). Die ästhetische Bewertung und der Streit über gegensätzliche Werturteile müssen als Teil des Bildungsprozesses verstanden und es muss ihnen Raum gegeben werden, denn sie gehören zur ästhetischen Praxis dazu. Nur so kann ästhetische Urteilsfähigkeit erworben werden; Wissen über Musik, handwerklich-technische Fertigkeiten und die Kenntnis fremder (Experten-) Einschätzungen reichen dafür nicht aus. Unumstrittene, unbezweifelbare und vom Urteil der Urteilenden unabhängige (in diesem Sinne objektive) Beurteilungskriterien gibt es (jedenfalls in der Welt des Ästhetischen) nicht. Wenn Klassenmusizieren als ästhetische Praxis verstanden werden soll, muss es – so ließe sich etwas allgemeiner formulieren und fordern – mit Reflexion über Musik verbunden sein:[12] Im ästhetischen Streit, in der argumentativen Auseinandersetzung über Interpretationsfragen wird dies geleistet. Es ist dieses Moment von Diskursivität, das aus dem Klassenmusizieren im bildenden Prozess ästhetischer Erfahrung verständige Musikpraxis werden lässt: Musik-Machen, in dem sich Verstehen von Musik zeigen kann.[13]

Dass die Schülerinnen und Schüler beim Klassenmusizieren, wenn es ästhetische Praxis sein soll, Gestaltungsspielräume haben müssen, bedeutet auch, dass Besetzungen innerhalb der Klasse nicht ein für alle Mal festliegen dürfen. Es sollte die Möglichkeit bestehen, beim nächsten Mal ein Arrangement für andere Instrumente zu wählen als beim letzten Mal (oder ein Stück unter Einbeziehung anderer Instrumente neu zu arrangieren) und innerhalb der Gruppe die Positionen zu wechseln, damit niemand über mehrere Jahre ausschließlich am

---

[12] Vgl. auch den Beitrag von Christoph SCHÖNHERR in diesem Band.
[13] Vgl. KAISER. Auf diesen bildenden Beitrag ästhetischer Erfahrung sollte im Übrigen auch eine praxiale Musikdidaktik nicht verzichten (vgl. ELLIOTT und REIMER).

Schlagzeug sitzt und nie ein Melodieinstrument spielend kennen lernt. Die ästhetischen Erfahrungen, die ich musizierend machen kann, hängen auch von der Rolle ab, die meine Stimme im Arrangement eines Ensembles hat. Zwar ist es grundsätzlich sinnvoll, dass ein Schüler, der es dank der Rolland-Methode[14] oder durch privaten Einzelunterricht geschafft hat, alle leeren Saiten einer Violine zu streichen, die Gelegenheit bekommt, dieses Können im Klassenorchester zur Anwendung zu bringen (statt dass man ihn für die kommenden Unterrichtsarrangements als Perkussionisten einplant), aber wenn das, was auf allgemeinen Wunsch mit dem nächsten Stück musikalisch zum Ausdruck gebracht werden soll, Schlagwerk erfordert, muss eben (was den Musikunterricht betrifft) doch vom reinen Streicherklassenprogramm abgewichen werden. Vielleicht ist es notwendig, dass die Schüler (oder einige von ihnen) zu diesem Zweck zunächst die erforderliche Spielfähigkeit auf Rhythmusinstrumenten erwerben. Dafür müssten möglicherweise einige technische Übungen durchgeführt werden und die Perkussionisten bekämen wahrscheinlich die Aufgabe, selbstständig weiter ihren Part zu üben (und – wenn die Zeit nicht reicht – das Geige-Üben dafür eine Weile etwas zurückzustellen). Beim darauf folgenden Vorhaben bietet es sich dann vielleicht an, eine Audioaufnahme zu erstellen und anschließend mit ausgewählten Samples am Computer weiterzuarbeiten. Dafür wird die Klasse (oder ein Teil der Klasse) eventuell vorübergehend in den Computerraum wechseln, wo es zunächst (wahrscheinlich) einiges an Grundlagen und technischen Fertigkeiten zu lernen gibt.

In einer solchen Darstellung scheint nun gar nicht mehr von Klassenmusizieren die Rede zu sein, sondern vielmehr von einer Abfolge von produktionsdidaktisch gestalteten Projekten im Musikunterricht.[15] Wenn das Musikmachen im Klassenverband als ästhetische Praxis ernst genommen wird, kann es darauf tatsächlich hinauslaufen. Auch wenn man den Wunsch hat und wenn es gelingt, die unterschiedlichen Produktionsformen und Klangerzeugungstechniken, die im vorangegangenen Absatz angesprochen wurden, etwas langfristiger geplant und dadurch womöglich systematischer aufbauend einzuführen, als es dort geklungen haben mag: auf Entscheidungsspielräume für unterschiedliche Besetzungen und Musikpraxen (mit unterschiedlichem kulturellen Hintergrund) darf nicht verzichtet werden. Diese Flexibilität kann selbstverständlich auf Kosten des technischen Fortschritts gehen, wie ihn ein konsequenter Instrumental-

---

[14] ROLLAND.
[15] Siehe dazu ausführlich WALLBAUM sowie ROLLE 2004a.

lehrgang versprechen mag (und in der Folge auf Kosten der differenzierten Gestaltungsmöglichkeiten, die daraus erwachsen mögen). Aber Musikunterricht, dem es um musikalisch-ästhetische Bildung geht, muss eben mehr sein als ein Versprechen auf die Zukunft: Die ästhetische Musikpraxis muss jetzt stattfinden oder wenigstens sehr bald – in den nächsten Wochen, jedenfalls in einem für die Schüler überschaubaren Zeitraum, für den gemeinsam geplant werden kann. Zwischen einem systematischen Aufbau musikalischer Teilkompetenzen und der pädagogisch wünschenswerten Vielschichtigkeit musikalischer Erfahrung besteht eine vielleicht unaufhebbare Spannung.[16] Das ist durchaus ein didaktisches Problem, denn das oben geführte Plädoyer für die ästhetischen Erfahrungs- und Bildungschancen, die sich aus vielfältigen und offenen Gestaltungsmöglichkeiten ergeben, soll kein Votum für musikalisch unbefriedigende Stümpereien sein, die ohne vertiefende Übung immer nur an der Oberfläche des technisch und stilistisch Möglichen kratzen und die einen Stand, an dem die Frage nach Gelungenheit ernsthaft gestellt werden könnte, auch aus Sicht der Beteiligten niemals erreichen.

Doch die Gefahr auf der anderen Seite, dass sich in musikalischen Monokulturen, die den Schülern einen festen Platz in durch das jeweilige Klassenmusizier-Konzept verordneten Besetzungen zuweisen, keine nennenswerten ästhetischen Erfahrungsräume eröffnen, scheint größer zu sein. Dieser Gefahr muss auf jeden Fall begegnet werden – und zwar nicht nur dadurch, dass Streicher- und Bläserklassen sich um ein stilistisch und musikkulturell breites Repertoire bemühen und Verknüpfungen mit anderen (beispielsweise historischen) Inhalten des Musikunterrichts anstreben. Nötig ist eine Vorgehensweise, die es zulässt, dass das Musikmachen, die ästhetische Musikpraxis nämlich, so früh wie möglich beginnt – spätestens wenn die Schüler die ersten beiden Töne auf ihrem neuen Instrument spielen können, am besten schon vorher. Unverzichtbar ist es, dass Gestaltungsspielräume eröffnet werden, was auch bedeutet, dass Modelle des Klassenmusizierens der Lehrkraft nicht einseitig die Rolle des Dirigenten zuweisen dürfen. Stattdessen müssen die Selbstständigkeit und Eigenverantwortung der Schülerinnen und Schüler gestärkt werden. Die Frage, wie in Klassenorchestern, in denen gleichzeitig ein Instrument erlernt werden soll, auf die hier geforderte Weise gearbeitet werden kann, harrt noch der Beantwortung. Das Klassenmusizieren muss darauf nicht warten: Die ästhetische Musikpraxis kann jetzt gleich beginnen.

---

[16] Siehe auch die Bedenken gegenüber dem Konzept Aufbauenden Musikunterrichts bei ROLLE 2004b.

Literatur

BÄHR, JOHANNES (2005): *Klassenmusizieren*, in: JANK, WERNER (Hg.) (2005): *Musikdidaktik. Praxishandbuch für die Sekundarstufe I und II*. Berlin, S. 159ff.

ELLIOTT, DAVID J. (1995): *Music Matters. A New Philosophy of Music Education*. New York u.a.

JANK, WERNER (Hg.) (2005): *Musikdidaktik. Praxishandbuch für die Sekundarstufe I und II*. Berlin

KAISER, HERMANN J. (1999): *Musik in der Schule? Musik in der Schule! Lernprozesse als ästhetische Bildungspraxis*, in: AfS-Magazin 8, S. 5ff. (<http://www.afs-musik.de>)

REIMER, BENNETT (Hg.) (2000): *Performing with Understanding. The Challenge of the National Standards for Music Education*. Reston

ROLLAND, PAUL (1974): *The Teaching of Action in String Playing*. New York (siehe hierzu auch: <http://www.streicherklassenunterricht.de>)

ROLLE, CHRISTIAN (1999): *Musikalisch-ästhetische Bildung. Über die Bedeutung ästhetischer Erfahrung für musikalische Bildungsprozesse*. Kassel

DERS. (2004a): *Lernen und Lehren in musikbezogenen Projekten*, in: PFEFFER, MARTIN/ VOGT, JÜRGEN (Hg.) (2004): *Lernen und Lehren als Thema der Musikpädagogik. Sitzungsbericht 2002 der Wissenschaftlichen Sozietät Musikpädagogik* (= Wissenschaftliche Musikpädagogik, Bd. 1). Münster, S. 123ff.

DERS. (2004b): *Bilden mit Musik. Zwischen der Inszenierung ästhetischer Erfahrungssituationen und systematisch-aufbauendem Musiklernen*, in: Landesverband der Kunstschulen Niedersachsens (Hg.): *bilden mit kunst*. Bielefeld, S. 197ff.

SEEL, MARTIN (1996): *Ethisch-ästhetische Studien*. Frankfurt a. M.

WALLBAUM, CHRISTOPHER (2000): *Produktionsdidaktik und ästhetische Erfahrung*. Veröffentlicht als »*Produktionsdidaktik im Musikunterricht*« (= Perspektiven zur Musikpädagogik und Musikwissenschaft, Bd. 27). Kassel

Christopher Wallbaum (Leipzig)

Klassenmusizieren als einzige musikalische Praxis im Zentrum von Musikunterricht?

An anderer Stelle habe ich von einem pragmatischen Standpunkt aus ein Konzept für guten Musikunterricht beschrieben, wonach im Zentrum jeden Musikunterrichts grundsätzlich eine musikalisch-ästhetische – im Folgenden kurz: musikalische – Praxis stehen soll, und zwar mit dem Ziel, die Qualitäten dieser Praxis im Unterricht erfahrbar werden zu lassen.[1] Mit musikalischer Praxis ist nicht allein das Musizieren gemeint, sondern ebenso andere Musikpraxen, bei denen die Wahrnehmungen in Verbindung mit Komponieren, szenischem Darstellen, Tanzen, Malen, Schreiben, Gehen oder bloßem Dasitzen oder -liegen vollzogen werden (siehe unten II. 1). Menschen, die erfüllte Wahrnehmungsvollzüge in verschiedenen musikalischen Praxen erfahren haben und eine »Gebrauchsanleitung« dafür geben können, nenne ich musikalisch allgemein gebildet (s. ebd. S. 13). Im Folgenden möchte ich ausloten, ob und wieweit es vertretbar und wünschenswert erscheint, dass ausschließlich das Klassenmusizieren im Zentrum von Musikunterricht steht.

Zu meinem Vorgehen: Zuerst konkretisiere ich, was ich unter Klassenmusizieren verstehe, indem ich drei Curricula entwerfe, die idealtypische Modelle von Klassenmusizieren in seiner »räumlichen« und zeitlichen Dimension darstellen, ergänzt durch ein Beispiel, das weitere Merkmale von Klassenmusizieren als ästhetischer Praxis zeigt. Zweitens skizziere ich die Kriterien, nach denen ich die Modelle des Klassenmusizierens bewerten werde. Ein drittens sich anschließender Vergleich klärt Vor- und Nachteile der drei Modelle und lässt ein *Idealmodell* des Klassenmusizierens hervortreten, das viertens einer Kritik hinsichtlich des allgemeinen Bildungsanspruchs von Musikunterricht unterzogen wird, bevor schließlich eine Antwort auf die Eingangsfrage formuliert wird.

---

[1] WALLBAUM 2005a.

Christopher Wallbaum

I. Klassenmusizieren – Drei Modelle

Unter Klassenmusizieren verstehe ich eine über einen längeren Zeitraum unternommene musikalische Praxis, bei der jeder Einzelne einen Teil des gemeinsamen Gesamtklangs erzeugt. Außerdem muss das Klassenmusizieren als zentrale schulmusikalisch-ästhetische Praxis den Schülern *erfüllte* musikalische Vollzüge ermöglichen, weil erst dann die Qualitäten verschiedener Musiken erfahrbar werden (siehe unten). Nur von solchem Klassenmusizieren soll in diesem Text die Rede sein. Unberücksichtigt bleiben also alle Formen von Klassenmusizieren, in denen dieses lediglich eine propädeutische Funktion hat ohne selbst erfüllte Vollzüge anzustreben, und solches Klassenmusizieren, das nur epochal – zum Beispiel in einzelnen Projekten – im Zentrum des Musikunterrichts steht.

Ich werde drei Curriculum-Modelle unterscheiden, in denen das Klassenmusizieren als alleinige musikalische Praxis im Zentrum des Musikunterrichts steht. Jedes Modell stelle ich mir für einen drei- bis vierjährigen Pflichtunterricht in den Klassen 5 bis 7 oder bis 8 vor, der anschließend als Pflicht- oder Wahlfach fortgesetzt werden kann. Das erste Modell *Instrumentaler Gruppenunterricht* ist durch die Konzentration auf eine Instrumentengruppe gekennzeichnet (z. B. Holzbläser-, Streicher-, Blockflöten- oder Perkussionsklassen), das zweite Modell *Musikalisches Spiel mit Bordmitteln* fokussiert die Spielregeln, d. h. Formen des Zusammenspiels verschiedener Stile und Kulturen, und bricht sie in oft radikaler didaktischer Reduktion herunter auf die spieltechnischen Möglichkeiten und die Ausrüstung einer durchschnittlichen Schulklasse, und das dritte Modell *Instrumentalkarussell und musikalische Spiele* stellt eine integrative Kombination aus den beiden ersten dar.

1. Modell: Instrumentaler Gruppenunterricht

Modell 1	5. Klasse	6. Klasse	7. Klasse	(8. Klasse)	Folgende
Klasse a	Streicher	Streicher	Streicher	(Streicher)	Projekt, Hörstunde, Tanz, Chor, Big Band, Orchester, Rockband etc. nach Wahl
Klasse b	Holzbläser	Holzbläser	Holzbläser	(Holzbläser)	
Klasse c	Gitarre	Gitarre	Gitarre	(Gitarre)	
Klasse x	andere	andere	andere	(andere)	

Abb. 1

In diesem durch die Konzentration auf eine spieltechnisch relativ homogene Instrumentengruppe gekennzeichneten Modell (es können auch andere als die genannten Instrumente sein) spielt das Erlernen des Instruments eine wesentliche Rolle. Deswegen etikettiere ich dieses Modell verkürzend als *Instrumentalen Gruppenunterricht,* obwohl es sich als schulmusikalische Praxis keineswegs in instrumentaler Spieltechnik erschöpft. Ich stelle mir zum Beispiel eine Streicherklasse mit knapp dreißig Schülern vor, denen Violinen, Bratschen, Celli und Kontrabässe zur Verfügung gestellt werden. Nach einigem Ausprobieren beginnt man vielleicht mit dem Streichen einer leeren Saite, zuerst unisono, mit dem Ziel, den Raum mit einem gleichmäßigen Ton zu füllen, an- und abschwellend im Tutti, im Wechsel der Streichergruppen usw. Wenn solches Klassenmusizieren gelingt, muss es ein erfüllendes Klangerlebnis sein, mit der Intention, in seiner Kombination von Klang mit dem eigenen Körpereinsatz und der Aufmerksamkeit für die Mitschüler im Zusammenspiel eine musikalische Erfahrung zu werden. Um noch näher an die Detailebene heranzukommen, in der meines Erachtens eine wesentliche Qualität von Klassenmusizieren mit relativ homogenen Instrumentalgruppen liegt (vgl. dagegen Modell 2), möchte ich ein Beispiel aus meiner langjährigen Erfahrung mit musikpraktischen Samba-Bateria-Kursen geben.[2]

BEISPIEL:
Die erste Trommelstunde beginnt ohne Trommel. Wir stehen im Kreis und nehmen den Puls in die Füße, langsam, alle genau gleichzeitig von einem Fuß auf den anderen tretend. Dazu sprechen wir in langsamen Vierteln *Bag-Bumm, Bag-Bumm* usw. oder auch mit 16tel-Auftakt, sozusagen nur mit den Fingerspitzen auf das imaginäre Fell getipptem *De* |: *Bag-deBumm-de* :|. In die Bewegung hinein erläutert der Lehrer und Probenleiter, dass dies die Surdo-Stimme ist, die Stimme der großen, tiefen Trommel, und dass diese Bewegung in den Körper hineingenommen und weiterhin leiblich vollzogen werden muss, auch wenn eine zweite Trommelstimme dazukommt, zum Beispiel (vier 16tel gesprochen) |: *da-ke-te-Gé* :| mit Betonung auf dem auftaktigen *Gé*. Der Lehrer macht mit der rechten Hand die 4er-Shaker-Bewegung, die beim *Gé* kräftig zum Körper hin gezogen wird. Bis alle das *Gé* richtig

---

[2] Beispiele zeigen mehr, als in der theoretischen Reflexion thematisiert werden kann. Als Bestandteil fachdidaktischer Reflexion müssten sie nicht weniger sinnvoll sein als das Zeigen von musikalischer Praxis und Qualität im Musikunterricht. (Eine Annäherung an den Begriff des Zeigens unternimmt KAISER 2001.)

akzentuieren, die Handbewegung dazu läuft und dabei die Fuß- bzw. Beinbewegung nicht vergessen wird, muss das Gelernte eine Zeit lang laufen. Die eine Hälfte spricht *Bag-deBumm-de*, die andere *da-ke-te-Gé* und auf Zeichen wechseln beide Gruppen. Ein gepfiffenes Zeichen bedeutet Stop (= Stehenbleiben), ein anderes Start. Das zu hören, zu verstehen und umzusetzen, dauert erneut, aber so lernen alle die Praxis der Samba-Bateria, indem sie praktiziert wird.

Eine besondere Qualität dieses Rhythmus besteht darin, dass wir mehrere Stimmen in unseren Körper nehmen und dann die entstehende Mehrstimmigkeit bzw. Polyrhythmik wahrnehmend vollziehen. Wenn dieses polyrhythmische Gefüge eine äußerst exakte, aber unangestrengte Stabilität erreicht, nenne ich das *Groove*. Es ist ein Vollzug, der nur in der verstreichenden Zeit möglich ist, und trotzdem können wir ihn einen Zustand nennen. Es verkehrt sich dann etwas auf merkwürdige Weise. Es fühlt sich an, als würde die Gruppe den Groove nicht erzeugen, sondern als würde sie von ihm getragen. Das erzählt der Gruppenleiter eventuell am Anfang, ansonsten wird das Wort Groove eher im Kontext des Klanggeschehens verwendet, wenn es angebracht ist. Später wird auch ein Text ausgeteilt, in dem diese musikalische Qualität mit einer stehenden Welle in einem fließenden Bach verglichen wird.[3] Vergleichbare musikalische Qualitäten können wir auch in anderen Musikpraxen bzw. -kulturen finden, wo Erfahrungen bloßer Sinnlichkeit in der Reflexion mit – manchmal metaphysischer – Bedeutung versehen werden.

ZUR PROBENTECHNIK ERFÜLLTEN KLASSENMUSIZIERENS: Ich habe diesen Einstieg so detailliert beschrieben, weil erst auf der Detailebene sichtbar wird, was ein erfülltes Klassenmusizieren ausmacht – etwa im Unterschied zu solchen Proben, in denen es einseitig um das schnelle Erstellen eines Stücks für eine Aufführung oder, allgemein gesagt, um eine effiziente Ausnutzung der Probenzeit allein zugunsten des Produkts auf Kosten des Prozesses geht. Dann wird z. B. häufig und in kurzer Folge der musikalische Fluss unterbrochen, damit effizient an schwierigen oder für den späteren Ausdruck relevanten Stellen gearbeitet werden kann (z. B. an einzelnen Tönen, speziellen Phrasierungen, exakter Gleichzeitigkeit, Geläufigkeit etc.) Die Besonderheit gelingenden und erfüllten Klassenmusizierens besteht darin, dass der Probenprozess selbst stetig musikalische Vollzüge ermöglicht, sozusagen selbst schon Musik ist; diese Praxis kann

---

[3] Eine ausführliche Beschreibung schulmusikalischer Rhythmus-Erfahrung mit Bezug auf verschiedene ästhetische Theorien (SEEL *und* WELSCH) unternimmt SCHÜTZ.

mit einer über Monate und Jahre in wöchentlichen »Sätzen« sich entfaltenden Komposition verglichen werden.

Diese integrierte Musizier- und Probentechnik ist wohl eine typisch schulmusikalische, weil sie den Motivationsfaktor größer schreibt, als das in Proben mit ausschließlich Freiwilligen notwendig ist und als wir das aus Stimmgruppen- oder Satzproben in der Ensemble-Arbeit kennen. Dieses Prinzip ist ebenso auf Streicher-, Blechbläser- und andere vergleichbare Musikklassen übertragbar, so dass auch dort Spielformen entstehen müssten, die sich eigensinnig von bloßen Zubringer-Funktionen zu gesellschaftlich ausgeprägten Musikpraxen emanzipieren. (Das Ergebnis ist eine Schulmusik mit eigenen Qualitäten.)[4]

Verfolgen wir das CURRICULUM-BEISPIEL weiter:
Im Zentrum steht das Musizieren ausschließlich mit den Perkussionsinstrumenten der Bateria des Samba, importiert aus Brasilien, in Europa seit über einem Jahrzehnt von Laiengruppen praktiziert. Unser Curriculum besteht wesentlich darin, dass neue Patterns auf Surdos, Tamborims (kleine Tombourine), Ganzas (Shaker), Kreishas (Snares) und Repiniques (kleine Trommeln) gelernt und sofort in einen Klangzusammenhang gestellt und dort gefestigt werden. Beiläufig gibt es Infos zum musikkulturellen Kontext, dazu einen Text zur Geschichte des Sambas, eine CD-Aufnahme und ein Video mit Bildern aus Rio, Bahia, Kopenhagen oder Braunschweig. Der Kurs entwickelt eine eigene Atmosphäre, eigene Bewegungsformen, es wird wenig gesprochen, viel musiziert. Wegen der Lautstärke hat Schwatzen keinen Sinn, es bleiben nur Zeichensprache, Hören und Beobachten.

Über die Jahre entwickelt die Gruppe ein zunehmend komplexes Spiel. Jede Instrumentengruppe lernt verschiedene Patterns, die im Stil des Live-Arrangements[5] immer wieder neu kombiniert werden; dazu kommen quasi homophone, fest komponierte »Breaks«, die auf verabredete Apito- (Pfeifen-) Signale eingefügt werden können. In der Weiterführung werden noch einmal neue Perspektiven eröffnet, indem nicht in erster Linie die Spieltechnik ausgefeilt wird oder neue Patterns und Breaks dazukommen, sondern indem die Schüler das Instrument wechseln. So verschiebt sich die Wahrnehmung innerhalb des Klangs und vollzieht zudem eine andere, jetzt gut bekannte Stimme mit. Als letzte Steigerung können Schüler selbst pfeifen, d. h. das

---

[4] Ein anregendes Beispiel von erfülltem Klassenmusizieren beschreibt der Romancier POWERS, S. 723ff.
[5] Vgl. TERHAG.

Gruppenspiel leiten und live arrangieren. (Das Komponieren eigener Patterns und Breaks wäre eine Überschreitung des oben definierten Begriffs von Klassenmusizieren hin zur Produktionsdidaktik.)

Schließlich können die Schüler inner- und außerschulische Auftrittssituationen erfahren (z. B. bei Umzügen, Ausstellungen, Gartenpartys) oder zu einem der alljährlichen Treffen mehrerer Samba-Baterias reisen, was nicht nur neue, gewaltige Klangeindrücke bedeutet, sondern auch Einblicke in die soziokulturelle Atmosphäre dieser Musik ermöglicht, die zu einigen Reflexionen Anlass geben können. Zum Beispiel: Was für Leute machen diese Musik? Welche Gründe finde ich, diese Musik außerhalb des Musikunterrichts fortzusetzen oder auch eine andere zu suchen? Welche dieser Gründe kann ich auf andere Musikpraxen übertragen?

Am Ende des hier vorgestellten ca. dreijährigen Pflichtcurriculums bleibt eventuell noch Zeit, um alle Schüler aus den verschiedenen Instrumentalklassen zu verschiedenen Orchestern zu mischen. Andernfalls können nun die Schüler, die Musik nicht zugunsten von Kunst oder Darstellendem Spiel abwählen, zu Orchesterklassen im Wahlbereich zusammengestellt werden. Denkbar sind auch Kurse, die stärker rezeptiv und musik- bzw. kulturkundlich angelegt sind (vgl. die Spalte »Folgende« in der Abbildung zum *Modell 1*).

2. Modell: Musikalisches Spiel mit Bordmitteln

Modell 2	5. Klasse	6. Klasse	7. Klasse	(8. Klasse)	Folgende
Klasse a	Klassenorchester a	Klassenorchester a	Klassenorchester a	(Klassenorchester a)	Projekt, Hörstunde, Tanz, Chor, Big Band, Orchester, Rockband etc. nach Wahl
Klasse b	Klassenorchester b	Klassenorchester b	Klassenorchester b	(Klassenorchester b)	
Klasse c	Klassenorchester c	Klassenorchester c	Klassenorchester c	(Klassenorchester c)	
Klasse x	Klassenorchester x	Klassenorchester x	Klassenorchester x	(Klassenorchester x)	

Abb. 2

Während Modell 1 seinen Ausgang beim Instrumentlernen nimmt und dazu neue Formen des musikalischen Spiels entwickelt, nimmt Modell 2 seinen Ausgang bei Formen des *musikalischen Spiels*, die vielfach von gesellschaftlichen Praxen wie Rockbands, Improvisationsgruppen und klassischen Kompositionen abgeleitet und oft radikal didaktisch reduziert sind – reduziert auf die *Bordmittel*, also auf das, was ein (Klassen-) Schiff jeweils an Bord hat: das in den Schulen vorhandene Instrumentarium – Xylophone, Keyboards, E-Gitarren, Perkussion etc. – und die unterschiedlichen musikalischen Fähigkeiten, die die Schüler mitbringen. Die Arrangements gehen von minimalen spieltechnischen Ansprüchen aus. Schüler mit musikalischem Privatunterricht werden mit ihren Instrumenten und Spielfähigkeiten integriert. Dieser Ansatz verweist zum Beispiel auf die Spielkonzepte in den »Grünen Heften« aus dem Lugert-Verlag oder Praxen der Elementaren Musikpädagogik, zum Beispiel das Orff-Schulwerk. Das primäre Ziel ist nicht, dass Schüler ein Instrument spielen lernen (wenn es auch dazu anregen soll), sondern dass sie musikalische Formen musizierend nachvollziehen. Das Spektrum reicht dabei von schulmusikalisch sehr eigenständigen Improvisationspraxen und Liedbegleitung über Adaptionen von Pop- und Klassiktiteln bis hin zu Mitspielsätzen.

Am Anfang könnte *zum Beispiel* ein einfaches Liedarrangement stehen.[6] Nachdem das Lied zunächst gesungen wurde, übernehmen die Flöten, die einzelne Schüler in der Musikschule zu spielen gelernt haben, die Melodie, Xylophone spielen Repetitionen von Akkordtönen, Keyboards Liegetöne, dazu rhythmische Perkussion und einzelne programmatische Klangereignisse, die vom Liedtext abgeleitet sind. Je nach Zusammensetzung der Gruppe und dem Schwierigkeitsgrad des Arrangements wird das Üben einige Stunden in Anspruch nehmen, in denen sich die Lehrkraft mal der einen, mal der anderen Gruppe intensiver zuwendet. Das Ergebnis wird aufgenommen oder beim Elternabend vorgespielt. Dann wird ein neues Stück begonnen. Kaum ein Stück wird länger als sechs Wochen bearbeitet, und das auch nur, wenn parallel an anderen Stücken gearbeitet wird und/oder bewährte musikalische Rhythmusspiele, kleine Improvisationen bzw. spielerische Übungen verfolgt werden. So können auf Liedbegleitungen etwa ein Spiel vom Uhrenladen folgen, die Ge-

---

[6] Auf den ersten Blick erscheinen Klassenorchester nach dem Vorbild Hamburger Musikklassen, in denen alle Schüler privaten Instrumentalunterricht haben, als positive Beispiele dieses Modells. Denn sie ermöglichen aufgrund der instrumentalen Vielfalt eine große stilistische Bandbreite und aufgrund der spieltechnischen Kenntnisse sogar die Arbeit in Kleingruppen. Auf den zweiten Blick verlieren diese Klassenorchester aber ihre exemplarische Qualität, weil die Instrumentalkenntnisse auf kostenpflichtigem Privatunterricht basieren, der von der Mehrheit »normaler« Elternhäuser nicht bezahlt wird (vgl. dazu Beispiele bei SCHÖNHERR 2003).

staltung eines Gewitters, eines Hörspiels, eine Filmvertonung, ein Ostinato mit Improvisation auf den schwarzen Tasten (von Keyboards und chromatischen Xylophonen), ein programmatisches Ostinato-Spiel zu den Rhythmen des Alltags, eine Chaconne nach Händel, ein Menuett, Ball- und Besenspiele nach Stomp, Klangchoreographien mit Boomwhackers, der aktuelle Hit von der Lehrkraft arrangiert und schließlich das unbegreiflich beliebte *Stay with me*. Im Laufe der Zeit werden einzelne Instrumente besser beherrscht, es entwickeln sich Vorlieben, manche Schüler üben zusätzlich in der Freizeit und vereinzelt gibt es auch stützenden Privatmusikunterricht.

Dieses Klassenmusizieren *mit Bordmitteln* ist deutlich unmittelbarer auf den reflexiven Bezug zu außerschulischen Musikpraxen bzw. -kulturen angewiesen als der instrumentale Gruppenunterricht, weil sich nicht schon aus dem Kennenlernen neuer instrumentaler Spieltechniken Anlässe für musikalische Gruppenspiele ergeben. In diesem von vornherein expliziten Beispielcharakter für musikalische Spiele bzw. Kulturen liegt eine Chance, aber auch die Gefahr, dass das Veranschaulichen eines musikalischen Prinzips an die Stelle der Erfahrung erfüllter Praxis tritt; oder mit anderen Worten: dass ein bloßes Verstanden-Haben das Erfahren-Haben ersetzt (vgl. dazu die Kriterien in II.).

Zu Sozialformen und Lehrerrolle: Die obige Reflexion zu den besonderen Probentechniken beim Klassenmusizieren erfordert angesichts des *Musikalischen Spiels mit Bordmitteln* eine Ergänzung. Denn aus der Vielfalt der verwendeten Instrumente im Klassenorchester ergeben sich sowohl andere unterrichtliche Sozialformen als auch erweiterte Lehrerrollen. Da nicht alle Schüler gleichzeitig in die Spielweise ihres Instruments eingeführt werden können, kann der Lehrer in seiner Funktion als Instrumentallehrer jeweils nur mit einem kleineren Teil der Klasse arbeiten, während die übrigen Schüler selbstständig arbeiten müssen. (Zu erwarten, dass sie so lange still sitzen und warten, wäre eine Überforderung.) Für die Lehrkräfte bedeutet das ein dichtes Ineinander verschiedener Aufgaben bzw. Rollen: einerseits Organisator von Räumen und sinnvollem Wechsel zwischen Gruppen- und Plenumsarbeit, andererseits Instrumentallehrer, Anreger und Begleiter selbstständiger Gruppenarbeit und Leiter der Gesamt-»Proben« im Sinne erfüllten Klassenmusizierens[7] (zu den Folgerungen siehe unten).

---

[7] Zur Bestätigung dieser Problematik fehlt meines Wissens eine empirische Untersuchung, sie scheint mir aber durch eigene Unterrichtserfahrungen, zahlreiche Beobachtungen und Gespräche mit Kollegen hinreichend bestätigt.

… einzige musikalische Praxis?

3. Modell: Instrumentalkarussell und musikalische Spiele

Modell 3	5. Klasse	6. Klasse		7. Klasse	(8. Klasse)	Folgende
Klasse a	Schüler wählen z. B. Stimme, Melodie-, Perkussions- und Harmonie-Instrument			2 verschiedene Ensembles	(dito)	Projekt, Hörstunde, Tanz, Chor, Big Band, Orchester, Rockband etc. nach Wahl
Klasse b	Stimme	Keyboard	Streichinstrumente	Congas etc.	2 verschiedene Ensembles	(dito)	
Klasse c	Stimme	Holzblasinstrumente	Xylophone	Gitarre	2 verschiedene Ensembles	(dito)	
Klasse x	Stimme	X	Y	Z	2 verschiedene Ensembles	(dito)	

Abb. 3

Dieses Modell von Klassenmusizieren als alleiniges Zentrum von Musikunterricht verstehe ich als eine Mischform der beiden vorigen Modelle. Das Wort *Instrumentalkarussell* im Modell-Etikett bezieht sich auf das »Instrumentenkarussell«, das in zahlreichen Musikschulen bereits erfolgreich praktiziert wird,[8] obwohl sich mindestens zwei Unterschiede sofort aufdrängen: Musikschulen arbeiten mit Gruppengrößen von ca. fünf Schülern, allgemeinbildende Schulen mit Klassenstärken von knapp dreißig Schülern, und Letztere verfolgen nicht primär das Ziel, die Wahl eines zu lernenden Instruments zu erleichtern, sondern das, in den Grenzen handwerklicher Möglichkeiten Erfahrungen mit verschiedenen musikalischen Praxen zu ermöglichen. Zunächst schien mir ein vierteljährlicher Wechsel der Instrumente am sinnvollsten, weil die Schüler auf diese Weise zahlreiche Instrumente kennen lernen (die in der Fußnote genannte Musikschule lässt pro Jahr acht Instrumente kreisen). Aber weil verschiedene Instrumentalspezialisten zumindest die doppelte Zeit für nötig erachten, um differenziertere Satz- bzw. Spielformen zu ermöglichen, und wegen der anderen Gruppensituation in der allgemeinbildenden Schule sieht das Modell ein halbes Jahr für jede Instrumentenart vor. Um dennoch die Zahl der möglichen Instrumente nicht allzu sehr zu reduzieren, scheint mir die Vorgabe sinnvoll, dass die Schüler aus Instrumententypen wählen können. (Hier werden die Ressourcen der einzelnen Schulen und die Zahl der Klassen oft

---

[8] Kritische Einwände von EICKER werden durch die Erwiderung und positiven Erfahrungen aus der Berliner Musikschule Tempelhof-Schöneberg (vgl. ebd. S. 42) widerlegt. In dieser Auseinandersetzung wird erneut deutlich, dass für guten Musikunterricht zwar die organisatorische Makrostruktur geschaffen, letztlich aber die erfüllte musikalische Praxis in der Mikrostruktur der einzelnen Stunde realisiert werden muss.

engere Grenzen ziehen.) Die Bezeichnung *musikalisches Spiel* soll im Unterschied zu technischen Begriffen wie »Formen«, »Regeln«, »Satztechniken« usw. betonen, dass die Praxis des Musizierens in der Musikstunde wirklich stattfinden soll.

Instrumentalkarussell und musikalische Spiele verbindet die Vorteile der beiden ersten Modelle und verringert damit zum guten Teil deren Schwächen. Indem die Schüler in den ersten beiden Jahren Musizierpraxen in instrumental relativ homogenen Gruppen erfahren, wird es möglich, diese Musiziergruppen nach dem bewährten, spezifisch schulmusikalischen Verfahren anzuleiten (vgl. das Beispiel zu Modell 1), bei dem die ganze Klasse stets im musikalischen Fluss bleibt. Zusammen mit den instrumentalen Spieltechniken und den damit verbundenen Körperwahrnehmungen können nun spezifische Qualitäten des Zusammenspiels erfahren werden: zum Beispiel genaues Timing, Bewegungen, Zeiteinteilungen und Polyrhythmik mit Perkussionsinstrumenten, Atem, Phrasenlängen und Frage- und-Antwort-Spiele mit Blasinstrumenten, Intonation, Klangfarben, -flächen und -verschiebungen mit Streichinstrumenten, rhythmische Akkordfortschreitungen und Melodien mit Tasteninstrumenten usw. Es schiene nicht unplausibel, ein Halbjahr auch dem Spiel mit der Stimme zu widmen, aber die Diskussion, welcher Umfang dem Gesang in all seinen Formen gebührt, soll hier nicht geführt werden. Schon während des Instrumentalkarussells können in allen Gruppen sowohl schriftlich komponierte, patternorientierte als auch freie Stücke musiziert werden. Im dritten Jahr werden vielfältig instrumentierte Klassenorchester möglich, die auf dem Boden der zweijährigen Vorerfahrungen komplexere und buntere Arrangements bzw. musikalische Spiele ähnlich dem 2. Modell ermöglichen, die sich damit außerschulisch verbreiteten Praxen annähern. Von diesen verschiedenen Ensembles könnten Schüler im dritten Jahr zwei auswählen.

II. Kriterien für die Bewertung der Modelle

Im vorigen Abschnitt habe ich in drei Modellen vorgestellt, was Klassenmusizieren als einziges Zentrum von Musikunterricht bedeuten kann. In diesem Abschnitt werde ich fünf Kriterien für guten Musikunterricht skizzieren, die dann auch für das Klassenmusizieren gelten müssen.[9]

---

[9] Die Kriterien sind im Kontext des »Praxisdiskurses« (VOGT 2004a) zu verstehen (vgl. u. a. KAISER 1995 und 1999, ROLLE, WALLBAUM 2005a). Lernpsychologische Gründe für das Klassenmusizieren (GRUHN 1998, kritisch dazu FLÄMIG und VOGT 2004b) bleiben damit ebenso unberücksichtigt wie Gründe des sogenannten »Wirkungsdiskurses« (VOGT 2004a), wonach das Klassenmusizieren mit der Förderung diverser Intelligenzen begründet wird (kritisch

1. Klassenmusizieren als erfüllte musikalisch-ästhetische Praxis

»Der Gegenstand von Musikunterricht sollte im Musikunterricht erscheinen.« Dieser Satz klingt zunächst so banal, dass man meint, ihn weglassen zu können. Aber bei genauerem Hinsehen ist es gar nicht mehr so selbstverständlich, was da in der Musikstunde erscheinen soll. Klänge? Strukturen? Sinn/Bedeutung? Noch mehr? Genügt es, wenn eine CD läuft, oder sollten die Schüler auch zuhören? Genügt es, die CD so laut zu drehen, bis keiner mehr die Musik überhören kann? Genügt es, wenn alle Schüler ein Instrument handhaben? Gemeint ist natürlich mehr. Musik soll in besonderer Weise wahrnehmend vollzogen werden. Und nicht nur das, wir müssen in der musikalischen Hinwendung *erfüllte* Wahrnehmungsvollzüge mit einem Stück haben, damit uns die Qualität einer Musik *erscheinen* kann.

In *Produktionsdidaktik und ästhetische Erfahrung*[10] habe ich untersucht, ob es möglich ist, dass Schüler mit selbst erfundenen und realisierten Musikstücken erfüllte musikalische Vollzüge erfahren (und damit auch etwas lernen und sich bilden) können. Ein Ergebnis der Untersuchungen zur ästhetischen Theorie war, dass als Gegenstände, die erfüllte Wahrnehmungsvollzüge ermöglichen, nicht nur Kunstwerke in Frage kommen, sondern auch Artefakte aus anderen Musikkulturen oder Naturklänge. Wenn also selbst eine Bahnhofshalle oder das Quietschen einer ausrollenden Markise zu erfüllten musikalischen Wahrnehmungsvollzügen führen können, dann muss diese Qualität auch mit Schulmusik, zum Beispiel mit Klassenmusizieren, erreichbar sein. Wichtig ist nur, dass die Art der musikalischen Einstellung irgendwie zu ihrem Gegenstand passt bzw. umgekehrt. Allgemein gesagt heißt das: Einstellung und Gegenstand sind relational. Wenn wir zum Beispiel eine melodiöse Arie suchen und auf einen *funky Groove* stoßen, finden wir mit einiger Wahrscheinlichkeit nicht in einen erfüllten Vollzug. Es sei denn, wir arbeiten an unserer Einstellung – oder am Stück. Der produktionsdidaktische Ansatz geht davon aus, dass die Schüler ein Stück erfinden und realisieren, das zu ihnen passt. Das kann in einzelnen Fällen auch beim Klassenmusizieren der Fall sein (wenn zum Beispiel improvisiert wird). Meistens geht es beim Klassenmusizieren jedoch darum, dass die Schüler ein Stück zum Klingen bringen und auf diesem Weg auch eine funktionierende Einstellung finden. (Nicht selten komponiert oder arrangiert die Lehrkraft ein Stück möglichst passend zu den Möglichkeiten einer Klasse.)

dazu auch BEHRENBECK und GEMBRIS u. a.). Im Rahmen von BASTIANs Berliner Langzeitstudie an Berliner Grundschulen zu Wirkungen des Klassenmusizierens wird aus Sicht einer an erfüllter schulmusikalischer Praxis orientierten Musikdidaktik das »Wie« des Klassenmusizierens zu wenig thematisiert.

[10] WALLBAUM 2000.

Die dualistische Gegenüberstellung von Einstellung bzw. Wahrnehmungsart und Gegenstand (allgemein gesagt: von Subjekt und Objekt) als relational ist genau genommen unvollständig. Denn beide gewinnen ihre Bedeutung erst im Zusammenhang menschlicher Handlungen (bzw. Tätigkeiten). Erst in der kommunikativen Interaktion sozialer Netzwerke entstehen aufeinander bezogene musikalische Vollzugs- und Ausdrucksweisen. Schon eine Schulklasse kann solch ein Netzwerk bilden. Dieses Wechselspiel aus Einstellung, Gegenstand, Wahrnehmungsvollzug und Verständigung über die Qualität des Vollzugs nenne ich eine *musikalische Praxis* (siehe Abb. 4).[11] Sie erfüllt sich im wahrnehmenden Vollzug. *Schulmusik* nenne ich jede musikalische Praxis, die in der Schule erfüllte Vollzüge ermöglicht und in der es darum geht, etwas Neues über Musik zu erfahren. Nicht selten werden im musikpädagogischen Diskurs nur die Stücke von Schulmusik – Kompositionen oder Ergebnisse – Schulmusik genannt, genau genommen aber sind Musikstücke, wie Artefakte allgemein, »geronnene Spuren« einer Praxis. (Eine in ihren Umgangsweisen gefestigte musikalische Praxis nenne ich *Musikkultur*. Keine Schulmusik kann eine Musikkultur 1:1 abbilden. Sie kann bestenfalls selbst eine Musikkultur sein, die mit ihrer Praxis auf andere Musikkulturen verweist.)

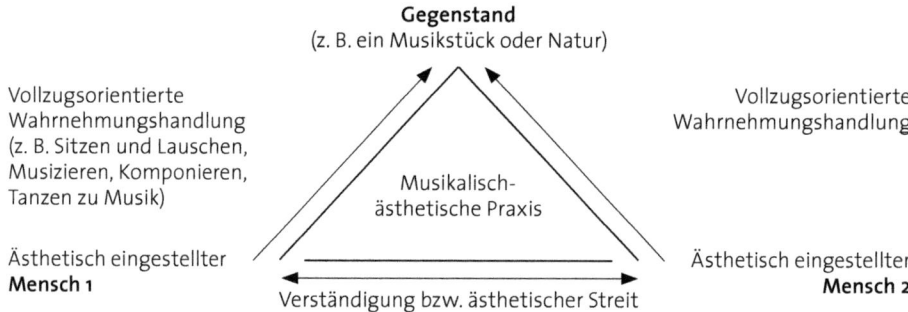

Abb. 4: *Das Dreieck ästhetischer Praxis*

---

[11] Dieser Begriff von ästhetischer Praxis – im Unterschied z. B. von moralischer oder ingenieursmäßig-instrumenteller Praxis – knüpft an beim philosophischen Pragmatismus (SEEL 1991 und 1996, ROLLE, KLEIMANN 2002) sowie bei einem soziologischen Praxisbegriff (vgl. RECKWITZ, der ein zunehmendes Ineinander-Aufgehen der Praxisbegriffe von Pragmatismus, Wittgensteins Spätphilosophie, Alfred Schütz, Foucault und anderen Kulturtheoretikern behauptet [ebd. S. 545]). Dieser Begriff ästhetischer Praxis unterscheidet sich vom aristotelischen Praxisbegriff, auf den sich KAISER 1999 und VOGT 2004a beziehen, in mehrfacher Hinsicht, unter anderem darin, dass es verschiedene *Arten* der Praxis gibt (s. o.).

Musikkulturen können ihre Qualitäten bzw. Attraktionen bekanntlich in unterschiedlichen Handlungsweisen und entsprechenden Gegenständen finden. Insofern ist die Alternative zwischen »Umgangsweisen mit Musik« vs. »Werke« irreführend. Weder kann es darum gehen, dass Schüler alle Umgangsweisen an jeden beliebigen Gegenstand herantragen (denn dies brächte lediglich eine begrenzte Auswahl musikalischer Qualitäten zur Erscheinung), noch dass jeder Gegenstand beliebigen Umgangsweisen ausgeliefert wird. Nicht Umgangsweisen und nicht Musikstücke, sondern (relationale) musikalische *Qualitäten* stehen im Fokus musikalischer Bildung. Die Umgangsweisen schließen mit den Wahrnehmungsvollzügen auch die Einstellung des ästhetisch Handelnden mit ein.

Das Klassenmusizieren im Sinne erfüllter musikalisch-ästhetischer Praxis kann sich daher nicht im Handwerklichen, im äußerlich »Richtig«-Spielen erschöpfen. Vielmehr müssen die Beteiligten innerlich mitgehen. Dazu sollte ihnen klar sein, um welche Qualität bzw. Attraktion es gerade geht, und sie müssen sie *selbst wirklich attraktiv finden*, zum Beispiel eine Entwicklung vom Ton zum Kratzen, das Drachenhafte eines Drachens, das wellenartige Fluten eines Klangs, polyphone Echos, polyrhythmisches Grooven, den genauen Gestus einer Melodie, vom Anklopfen des Schicksals über Zweifel bis zum euphorischen Sieg, das Sehnsuchtsvolle einer ins Unendliche ersterbenden Figur, fröhliches Hüpfen und Gleiten etc.[12]

2. Formale Orientierung: Das Kriterium des Neuen

Das Kriterium des Neuen gehört zum Begriff von Schulmusik wie das Lernen zum Begriff von Schule. (Das erwartet auch jeder Schüler.) Pointiert gesagt bedeutet es, dass wir mit unseren Schülern nicht immer wieder dasselbe Stück spielen sollten.[13] Vielmehr sollten die Schüler beim Klassenmusizieren stets Neuem begegnen. Lässt sich aufgrund vorliegender Theorien Genaueres sagen?

Christian Rolle hat in seiner Arbeit über musikalische Bildung[14] mit beste-

---

[12] Christoph SCHÖNHERR hat zum »sinnerfüllten Musizieren« plausible Überlegungen und Beispiele gegeben (1998, 2003). Aufgrund seines phänomenologisch-lebensweltorientierten Ansatzes könnte sein Verständnis von erfüllter Praxis möglicherweise zu anderen Themen führen.

[13] Von Nietzsche soll die These stammen, dass Künstler im Grunde ihr Leben lang nur ein einziges Werk – *ein* Bild, *ein* Buch usw. – hervorzubringen versuchen, für das sie immer wieder von neuem Anlauf nehmen. Musiklehrer sollten in diesem Sinn wohl besser keine Künstler sein ...

[14] ROLLE.

chender Logik herausgearbeitet, dass ästhetische Praxis bildend ist – mit der Einschränkung, dass allein eine der drei Grundformen ästhetischer Praxis bildend sei, nämlich die imaginative. Denn nur die imaginativ-ästhetische Praxis *eröffnet neue Sichtweisen.* Die kontemplative, »bloß sinnliche« ästhetische Praxis schafft zwar durch das rein sinnliche Absehen von jeglichem Sinn eine Distanz zur gewohnten sinnhaften Sichtweise, kann (und will per definitionem) aber keine neue Sichtweise wahrnehmen. Die korresponsive (ästhetische) Praxis ist das genaue Gegenteil der imaginativen (ästhetischen), indem es ihr um die bestätigende *Intensivierung vorhandener Sichtweisen* geht. Daraus müsste folgen, dass Schüler, die ein für sie korresponsiv attraktives Stück erarbeiten, dabei keine Bildung erfahren können, da sie nicht offen für neue Sichtweisen sind. Auf unser obiges Trommelbeispiel bezogen, würde das bedeuten, dass die Schüler schon früh keine musikalischen Bildungserfahrungen mehr machen könnten, wenn sie die schulmusikalische Praxis als eine ihr Lebensgefühl intensivierende, korresponsiv-ästhetische Praxis begriffen.

Kann das sein? Stellen wir uns vor, wir beherrschen schon die ersten Samba-Patterns und Stücke, den so genannten Batucada- und den Samba-Reggae-Groove, wir wären schon durch und durch Samba-Bateria-Liebhaber, und in der nächsten Stunde würden wir ein neues Pattern lernen mit dem dazugehörigen Hand- und Pfeifsignal. Wäre diese neue musikalische Technik kein Stück musikalischer Bildung? Nicht unbedingt. In korresponsiv-ästhetischer Praxis wäre sie es nicht. Etwas anderes wäre es, wenn das neue Pattern uns das Trommelspiel in neuem Licht erscheinen ließe, das uns von unserer bisherigen Sichtweise distanziert (und sei es auch nur, um später unsere bisherige zu bestätigen). Wir wären dann zu einem Wechsel unserer ästhetischen Einstellung von der korresponsiven zur imaginativen angeregt worden und hätten eine Bildungserfahrung gemacht. Als ergänzendes Kriterium ergibt sich aus dieser formalen Theorie musikalischer Bildung, dass das Neue für die Schüler derart beschaffen sein sollte, dass es sie zur *imaginativ*-ästhetischen Einstellung anregt.[15]

---

[15] In Fortsetzung dieser Überlegung wäre zu fragen, ob sich der *Liebhaber* einer bestimmten musikalischen Kultur bzw. eines bestimmten Stils – zum Beispiel der Niederländischen Schule oder des deutschsprachigen Hip-Hops –, der sich hörend und lesend zum Spezialisten macht, bildet. Denn er würde zwar mit jedem Detail, mit dem er die Kenntnis seiner Lieblingsmusik erweitert, auch eine differenziertere und insofern neue Sichtweise seiner Musik gewinnen, aber maßgeblich bliebe seine ästhetische Praxis korresponsiv. Um in solchem Falle begriffliche Pirouetten vermeiden zu können, wäre daher für ein material konkretisiertes Konzept musikalischer Bildung zu erwägen, auch den Erwerb neuer musikalischer Techniken in korresponsiv erfüllter Praxis als bildend anzuerkennen.

Ist derart Neues eher in einer möglichst starken Differenz zur bisherigen Praxis oder in Detail-Ergänzungen eines bekannten Stils zu suchen? Diese Alternative lässt sich nicht pauschal entscheiden. Sie hängt von der jeweiligen Situation in der Klasse ab.

Für viele Musikpädagogen erweist sich gegenwärtig bei der Wahl von musikalischem Material – angesichts der begrenzten Zahl an Musikstunden – die Orientierung an einer musikalischen Kulturenvielfalt und entsprechend vielfältigen und unterschiedlichen musikalischen Qualitäten (bzw. Attraktionen) als hilfreich.[16] In Bezug auf unsere drei Modelle von Klassenmusizieren ergibt sich daraus ein Argument gegen das erste und für das zweite und das dritte Modell, da die Reduktion des Klasseninstrumentariums auf nur eine Instrumentenart (Holzbläser-, Streicher-, Perkussions- oder andere Klassen) die Vielfalt der Klänge sowie der Spielformen reduziert. Besonders sinnfällig wird das am Samba-Bateria-Beispiel, das den weitgehenden Verzicht auf diatonische Melodik und Harmonik für die Zeit dieses Klassenmusizierens einschließt.

3. Beispiel und Reflexion auf dem Weg zur verständigen musikalischen Praxis

Schon die ästhetische Praxis bringt auf dem Weg zu erfüllten Vollzügen Reflexionen mit sich, wenn wir uns durch Vormachen oder/und verbal darüber verständigen, wie etwas zu spielen ist, wie es gemeint ist (vgl. »Verständigung« in Abb. 4). Eine Besonderheit beim Klassenmusizieren ist zweifellos, dass beim *Proben* der Anteil an erläuterndem Sprechen und sitzendem Lauschen geringer und der am Selbst-Spielen und -Artikulieren und dabei Hören größer ist. Dieses Gesamt musikalisch-ästhetischer Praxis sollte den größten Teil jedes Musikunterrichts und so auch des Klassenmusizierens ausmachen. Aber Musikunterricht erfordert noch eine Reflexionsebene mehr. (In Abb. 5 sind diese reflexiven Handlungen nur aus Darstellungsgründen deutlich von der ästhetischen Praxis getrennt. Sie gehen oft nahtlos ineinander über.)

Wir können das Klassenmusizieren als *Beispiel* bzw. eine Folge von Bei-

---

[16] Vgl. z. B. mit mehreren Beispielen aus unterrichtspraktischer Perspektive JÜNGER, aus ästhetisch-theoretischer Perspektive in diesem Sinne KLEIMANN 1998: »Nun gibt es allerdings – bezogen auf ästhetische Urteile – neben der ästhetischen Argumentation *innerhalb* einer kulturellen Lebensform noch die Option, das eigene Urteil gegenüber Mitgliedern einer anderen Kultur *demonstrativ-persuasiv* [wörtlich übersetzt *zeigend-überredend*, CW] zur Geltung zu bringen. Dies kann in Form einer werbend-verführenden Beschwörung ästhetischer Evidenzen oder in Form einer erfahrungsauslösenden Präsentation ästhetischer (Kontrast-) Phänomene geschehen.« (S. 72)

spielen verstehen, in denen einmal stundenweise, das andere Mal über einen längeren Zeitraum auf das Erscheinen einer musikalischen Qualität hingearbeitet wird. Auf unser obiges Trommelbeispiel bezogen, könnten einige solcher Qualitäten etwa folgendermaßen gekennzeichnet werden: Groove als kontemplativ-bloß sinnliches Phänomen, als imaginative Vergegenwärtigung unseres vorgeburtlichen Befindens im Mutterbauch, Ausdruck von (südamerikanischer) Lebensfreude und Körperlichkeit und/oder Gemeinschaftserfahrung, Samba in Deutschland als Ausdruck eines (teil-) kulturellen Lebensgefühls und Samba als eine musikkulturelle Praxis unter anderen.

Beispiele sind (nicht nur begriffslogisch) ohne ein Allgemeines, auf das sie sich beziehen, keine Beispiele. Und das Allgemeine in einem Beispiel zeigt sich nur dem, der das Allgemeine kennt. Sofern sich verallgemeinernde Reflexionen nicht schon aus der Anbahnung der erfüllten Vollzüge ergeben haben, kann die Lehrperson entsprechende Hinweise geben[17] oder die Reflexion durch den Vergleich mit anderen Qualitäten anregen. Um hier anregend zu sein, sollte das Vergleichsbeispiel bzw. die Vergleichspraxis nicht allzu ähnlich ausfallen, aber das hängt nicht unwesentlich vom Niveau der jeweiligen Klasse ab. Im Vergleich zum *instrumentalen Gruppenunterricht* (Modell 1) müsste im *Instrumentalkarussell* (Modell 3) der Wechsel des Instruments verbunden mit einem passenden Wechsel der Spielformen ein starker Impuls zur Reflexion sein.

Abb. 5: Musikalisch-ästhetische Praxis als Zentrum von Musikunterricht (vgl. Abb. 4)

[17] In einem Modellversuch zu einer Profiloberstufe (Max-Brauer-Schule in Hamburg-Altona) haben Lehrer verschiedener Fächer wöchentlich zusammengesessen und ihren Unterricht aufeinander abgestimmt. Die Schüler haben aber den Zusammenhang zwischen den Fachunterrichten erst bemerkt, wenn dieser – kurz – explizit angesprochen wurde (vgl. WALLBAUM 1997).

4. Materiale Orientierungen

In erster Linie muss den Schülern erfüllte musikalische Praxis ermöglicht werden, damit ihnen die Qualität dieser Praxis überhaupt erfahrbar wird, auf dass sie die ästhetische Art der Weltzuwendung später in ihr Leben integrieren. Zudem zeigt Schulmusik mittels ihrer Spieltechniken, -regeln und -materialien sowie des erläuternden und interpretierenden Sprechens in der musikalischen Praxis auf zweierlei: die Art der Weltzuwendung und – mehr oder weniger – musikalische Kulturen außerhalb der Schule. Insofern leistet das Klassenmusizieren auch eine Einführung in Kultur. Diese Funktion muss aber in die zweite Linie zurücktreten, wenn andernfalls die Erfahrung erfüllter Vollzüge gefährdet ist.[18]

a) Die ästhetische Art der Weltzuwendung

Je nachdem, wie wir uns der Welt zuwenden, das heißt, wie wir sie (auch wahrnehmend) behandeln und (in verschiedenen Rationalitäten) über sie sprechen, erscheint sie uns anders. Die *Art der Weltzuwendung* ist eine andere Bezeichnung für *Art der Praxis*. Sie akzentuiert den Aspekt, dass das, was wir von der Welt (oder der Musik) wahrnehmen, zuallererst von unserer Einstellung abhängt (vgl. Abb. 4). Entscheidend für den bildungstheoretischen Zusammenhang ist das vernunfttheoretische Argument, wonach es irrational wäre, von den verschiedenen möglichen Arten der Praxis bzw. Weltzuwendung (oder auch Rationalität) eine wegzulassen. Denn wenn wir auf eine – im Fall des Musikunterrichts die ästhetische – Art der Weltzuwendung verzichteten, würde uns sozusagen eine wichtige Facette der Welt fehlen.[19] Damit Schüler diese Art der Weltzuwendung bzw. diese Art der Praxis später auf die eine oder andere ihnen angemessene Weise in ihre Lebensform übernehmen wollen, sollten sie die Qualitäten von Musik in der Schule erfahren können. (Eine Erfahrung umfasst mehr als eine Wahrnehmung oder ein Erlebnis.)[20]

---

[18] Ausführlich an einem Beispiel mit Neuer Musik vgl. WALLBAUM 2005b.
[19] Vgl. SEEL 1985, Deutsches PISA-Konsortium 2001, KLEIMANN 2002.
[20] Vgl. in ähnlichem Sinne JANK 2005 (S. 115ff.): Jank beschreibt ästhetische Praxis als eines von drei Praxisfeldern im Musikunterricht, während ästhetische Praxis im vorliegenden Konzept allein im Zentrum steht. Der Aspekt der *erfüllten* Praxis wird von ihm nicht thematisiert. Außer den Praxis-Aspekten der Einstellung und Verständigung (s. o. Abb. 4) bezieht sich Jank auf Seels Unterscheidung von drei Arten ästhetischer Praxis (s. o. II. 2, s. a. ROLLE). Und zwar empfiehlt Jank für den Musikunterricht die »Übung im *Wechsel* ästhetischer Perspektiven« (Hervorhebung CW), wobei mit Perspektiven die drei Arten der ästhetischen Praxis gemeint sind. – Alternativ zur Betonung des *Wechsels* der Perspektiven könnte zur materialen Orientierung auch die *Beschränkung* auf jeweils eine der drei Perspektiven helfen. (Z. B. wurde im Hamburger Modellversuch zu einer Profiloberstufe jeweils ein Semester einer der drei

b) Qualitäten verschiedener Musikpraxen bzw. -kulturen
Allgemeinbildende Schulen sollten auf die gesellschaftliche Wirklichkeit vorbereiten. Für Musikunterricht bedeutet das, dass ein verständiger Umgang mit verschiedenen musikkulturellen Praxen der die Schüler umgebenden Wirklichkeit ermöglicht werden sollte. Aus dieser Schulaufgabe ergibt sich, dass die im Klassenmusizieren erfahrbaren Qualitäten möglichst exemplarisch auf verwandte gesellschaftliche Musikkulturen verweisen und in Verbindung mit reflexiven Verallgemeinerungen eine Einführung in dieselben leisten sollten. (Zur Hierarchie der beiden materialen Orientierungen siehe oben.)

5. Gruppenarbeit – Ästhetische Praxis und Lehrerbelastung

Gruppenarbeit – wie jede unterrichtliche Sozialform – bestimmt den Inhalt, der letztlich aus jedem Unterrichtsgegenstand wird, nicht unerheblich mit, sie garantiert aber nicht von selbst guten Unterricht.[21] Beim Klassenmusizieren wird die Arbeitsform besonders in zweierlei Hinsicht auffällig.
a) Selbstständiges Arbeiten in Gruppen kann Schüler besonders zu ästhetischer Praxis anregen, sofern dabei ihr eigenes ästhetisches Urteil verlangt wird. Dies ist bei Gestaltungsaufgaben der Fall, die auf die Herstellung eines Produkts zielen, das die Schüler selbst attraktiv finden.[22] Zwar ist die dominierende Arbeitsform beim Klassenmusizieren nach den Modellen 1 und 3 der lehrerzentrierte Frontalunterricht, aber hier lässt sich Abhilfe schaffen. Zum einen können die Schüler attraktive *Interpretations*varianten eines aktuellen Klassenstücks in Kleingruppen erarbeiten und einander vorstellen (besonders nahe liegend ist das bei Improvisationsaufgaben). Zum anderen könnte der strenge Begriff von Klassenmusizieren (s. o. I.) um das Herstellen selbst komponierter Stücke erweitert werden.
b) Von anderer Bedeutung ist die Gruppenarbeit beim *musikalischen Spiel mit Bordmitteln* (Modell 2), wo sie von Beginn an und über weite Strecken unumgänglich ist. Hier stellt die Aufgabe selbstständigen Arbeitens wegen mangeln-

---

Perspektiven gewidmet, vgl. WALLBAUM 1997, S. 189). Ergeben sich aus Seels Unterscheidung von drei Grundformen musikalisch-ästhetischer Praxis Konsequenzen für Inhalte des Musikunterrichts? Welche müssten das sein? Wie verhält sich Seels Unterscheidung etwa zu Hörertypologien? – Hier sehe ich noch musikpädagogischen Forschungsbedarf.
[21] HELMKE.
[22] Ausführlich dazu WALLBAUM 2000.

der musikalischer Techniken der Schüler oft eine Überforderung derselben dar, und in demselben Maße ist die Vorbereitung und Begleitung der Gruppenarbeit so belastend für die Lehrperson, dass dies ein Grund wird, das Klassenmusizieren nach Modell 2 nicht allzu häufig zu praktizieren (s. o. in I. 2).

III. Vergleich der Modelle von Klassenmusizieren

Vor- und Nachteile der drei Modelle von Klassenmusizieren sind schon im Laufe ihrer Darstellung und bei der Erläuterung der Kriterien deutlich geworden. Daher kann ich mich hier auf eine Zusammenfassung konzentrieren. Die untenstehende Tabelle (Abb. 6) suggeriert dabei mehr Trennschärfe und Exaktheit, als die Kriterien isoliert hergeben. Selbstverständlich hängen formale und materiale Kriterien zusammen, wenn sie auch nicht vollständig ineinander aufgehen. Zugunsten der Übersichtlichkeit wird das Kriterium 1 der erfüllten Praxis mit dem 4a der »Werbung« für die ästhetische Art der Weltzuwendung zusammengefasst, weil die erfüllte Praxis die wesentliche Voraussetzung dafür ist, dass Qualitäten von Musik im Musikunterricht überhaupt in Erscheinung treten. Das Eröffnen neuer Sichtweisen (Kriterium 2) wird mit dem materialen Kriterium der Thematisierung vielfältiger musikkulturell bedingter Qualitäten zusammengefasst. Daraus ergibt sich dann folgende Tabelle:

Kriterien / Modelle	Modell 1 *Instrumentaler Gruppenunterricht*	Modell 2 *Musikalisches Spiel mit Bordmitteln*	Modell 3 *Instrumentalkarussell und musikalische Spiele*
1 + 4a Erfüllte Praxis	+ +	+ –	+ +
2 + 4b Kulturenvielfalt	(+) –	+ –	+ (+)
3 Reflexion	+ –	+ +	+ +
5a Gruppenarbeit	+ (–)	+ –	+ (–)
5b Lehrerbelastung	+ +	– –	+ +

Abb. 6: Drei Modelle von Klassenmusizieren im Vergleich

Die ersten beiden Modelle – als *Instrumentaler Gruppenunterricht* und *Musikalisches Spiel mit Bordmitteln* etikettiert – haben jeweils große Vorteile und einen signifikanten Nachteil. Das dritte Modell – *Instrumentalkarussell und musikalische Spiele* – stellt eine Zusammenführung dar, die mehr ist als ein Kompromiss. Unter Berücksichtigung der zeitlichen Grenzen für schulmusikalische Praxis fängt es die Nachteile der beiden ersten Modelle auf, ohne dafür deren Vorteile preiszugeben.

Die Einschränkungen, die die Tabelle für Modell 3 noch zeigt, beziehen schon die Kritik aus Abschnitt IV ein.

Wenn wir uns das ausführliche Beispiel einer Perkussionsklasse zum ersten Modell ansehen, dann wird zweierlei deutlich: Erstens, dass es zwar wünschenswert wäre, sich in der Schule jeder Art von Musikpraxis ebenso ausführlich zu widmen, dass dies aber angesichts des schulischen Zeitbudgets unmöglich ist. Und zweitens, dass es *nicht* wünschenswert wäre, wenn Schüler in ihrer Pflicht-Schullaufbahn nicht mehr als diese eine Musikpraxis und diese eine instrumentbedingte Perspektive in Folge-Ensembles erfahren hätten. Dieses Argument gilt ebenso für jedes andere mono-instrumentale Klassenmusizieren. Es wirkt sich auf die Vielfalt des Neuen und der musikkulturellen Qualitäten direkt aus und ebenso auf die Anlässe zur Reflexion.

Erfüllte musikalische Vollzüge sind für die Schüler – aufgrund der problematischen Probensituation beim zweiten Modell *Musikalisches Spiel mit Bordmitteln* – vermehrt im ersten und dritten Modell zu erwarten. Das zweite Pluszeichen für den *Instrumentalen Gruppenunterricht* wäre in der Tabelle eventuell einzuklammern, weil die verminderten Anlässe zur Reflexion, die sich aus dem selteneren Wechsel der Instrumente und Spielformen ergeben, auch zu selteneren oder schwächeren Bildungsimpulsen führen könnten (s. o. II. 2). Die orientierende Funktion des Musikunterrichts hinsichtlich der Kulturenvielfalt sehe ich im zweiten Modell dadurch leicht eingeschränkt, dass das Instrumentarium beim Klassenmusizieren den außerschulischen Musikkulturen relativ fern steht, sodass die Übertragung weniger direkt möglich ist.

Nicht zuletzt das Kriterium der Lehrerbelastung dürfte das zweite Modell als Kandidaten für die hier zur Debatte stehende zentrale musikdidaktische Funktion des Klassenmusizierens ausschließen, weil es eine dauerhafte Überlastung von Musik-Lehrkräften festschreiben würde (siehe I. 2).

Die Tabelle zeigt deutlich, dass das dritte Modell die meisten Vorteile auf sich vereinigt. Darum nenne ich es Idealmodell. Es bietet sehr gute Aussichten, dass Schüler in einem Curriculum mit Klassenmusizieren als musikalischer Praxis guten Musikunterricht im Sinne der oben genannten Kriterien erfahren können.

IV. Kritik des Idealmodells von Klassenmusizieren als einziger musikalischer Praxis

Viele gute Gründe sprechen dafür, ein Idealmodell von Klassenmusizieren wie Modell 3 ins Zentrum von Musikunterricht zu stellen. Es würde Schülern gute Chancen bieten, die Qualität bzw. Qualitäten von musikalischer Praxis in verschiedenen Beispielen zu erfahren. Darüber hinaus bietet das Idealmodell musikkulturell vielfältig orientierende Praxen. Hier allerdings stößt das Klassenmusizieren auch im Idealmodell an Grenzen. Dies kann teilweise durch eine Erweiterung des Begriffs (der »Grenzen«) von Klassenmusizieren wettgemacht werden, aber es bleibt eine Grenze.

Durch eine produktionsdidaktische Erweiterung der Grenzen (bzw. des Begriffs) von Klassenmusizieren, indem also die Schüler selbst Musik erfinden und realisieren, werden die musikalisch-ästhetischen Interessen der Schüler stärker einbezogen und zugleich die ästhetische Praxis gefördert, sofern die Schüler aufgefordert werden, etwas für sie Attraktives herzustellen. (Einige produktionsdidaktische Beispiele habe ich oben zu Modell 2 schon einbezogen.) Allerdings würde ein primär produktionsdidaktisches Vorgehen die Grenzen des Klassenmusizierens so sehr erweitern, dass ich nicht mehr von Klassenmusizieren sprechen würde. Wenn zum Beispiel Musiktheater gespielt wird, dann sind nicht mehr alle Beteiligten an der Klangerzeugung beteiligt, wenn zum Beispiel in Kleingruppen Musik am Computer produziert oder ein Film vertont wird, dann ist das Merkmal der gemeinsamen Klangerzeugung der ganzen Klasse nicht mehr gegeben.

Schließlich markiert die Tätigkeit des Musizierens eine Grenze aller Modelle von Klassenmusizieren; dies steckt schon im Begriff. Nicht im wünschenswerten Umfang thematisiert werden beim Klassenmusizieren all jene musikalischen Produktions- und Vollzugsweisen, die nicht durch die tätige Klangerzeugung bestimmt sind, wie zum Beispiel das Sich-Bewegen zur Musik, das Hören eines Kunstwerks oder polyästhetische Verknüpfungen mit Szenen, Bildern etc. Es würde der musikalisch orientierenden Aufgabe des Musikunterrichts an allgemeinbildenden Schulen widersprechen, diejenigen Qualitäten musikalischer Praxen, die in diesen Vollzugsweisen besonders hervortreten, nicht zum Gegenstand zu machen.

V. Die Antwort auf die Eingangsfrage

Was mit musikdidaktischer Theorie begründet gesagt werden kann, ist bis hierher gesagt. Wir können festhalten, dass das Klassenmusizieren (entsprechend dem Idealmodell) die überwiegende schulmusikalische Praxis sein kann, wenn auch nicht die einzige. Von angenommenen drei bis vier Jahren Pflichtunterricht (oder mehr) sollte zumindest ca. ein Jahr anderen Vollzugsweisen als dem Musizieren gewidmet werden. Können wir also schlussfolgern, dass das Klassenmusizieren in den zwei bis drei (oder mehr) anderen Jahren zwingend sein muss?

Dazu fehlen vergleichende Untersuchungen mit anderen Möglichkeiten, wie zum Beispiel einem Klassenmusizieren, das an der Stimme und an Bodypercussion ausgerichtet ist oder stärker an projektorientiertem Musikunterricht oder einfach an einem guten Mix im herkömmlichen Sinne, der vielleicht einen begleitenden »aufbauenden« Lehrgang integriert. Das Fehlen solcher Untersuchungen widerspricht aber auch nicht den Chancen, die ein Idealmodell von Klassenmusizieren verspricht.[23]

Literatur

BASTIAN, HANS GÜNTHER (2000): *Musik(erziehung) und ihre Wirkung. Eine Langzeitstudie an Berliner Grundschulen*. Mainz

BEHRENBECK, MEIKE (2001): *Gibt es den besseren Menschen durch mehr Musik? Eine Untersuchung über den Einfluss des Musikunterrichts in der Schule auf musikalische Präferenzen und die Persönlichkeit von SchülerInnen*, in: Musik & Bildung 6

Deutsches PISA-Konsortium/ BAUMERT, JÜRGEN (u. a., Hg.) (2001): *PISA 2000. Basiskompetenzen von Schülern und Schülerinnen im internationalen Vergleich*. Opladen

EICKER, GERD (2004): *Aufspringen – abspringen. Das Instrumentalkarussell*, in: Üben und Musizieren 1, S. 43f.

FISCHER, WILFRIED (2001): *Musizieren – selbst eine lebensweltliche Grunderfahrung*, in: EHRENFORTH, KARL HEINRICH (Hg.) (2001): *Musik – unsere Welt als andere. Phänomenologie und Musikpädagogik im Gespräch*. Würzburg, S. 155ff.

FLÄMIG, MATTHIAS (2001): *Der Begriff des Musiklernens zwischen Handeln und kausalen Ereignissen*, in: SCHOENEBECK, MECHTHILD V. (Hg.) (2001): *Vom Umgang des Faches Musikpädagogik mit seiner Geschichte* (= Musikpädagogische Forschung, Bd. 22). Essen, S. 261ff.

GEMBRIS, HEINER (u. a., Hg.) (2001): *Macht Musik wirklich klüger?* Augsburg

GRUHN, WILFRIED (1998): *Der Musikverstand. Neurobiologische Grundlagen des musikalischen Denkens, Hörens und Lernens*. Hildesheim u. a.

HELMKE, ANDREAS (2005): *Vibrierende Pädagogen. Was ist besser: Frontalunterricht*

---

[23] Ein Bericht von Wilfried FISCHER über einen vergleichenden Unterrichtsversuch lässt sich als ein Beispiel lesen, das beinahe widerwillig den musikdidaktischen Vorrang des Klassenmusizierens – in dem Fall sind es Blockflöten – zeigt.

oder Gruppenarbeit, selbständig lernen oder diszipliniert pauken? Ein Interview von Martin Spiwak, in: DIE ZEIT Nr. 30, 21.7.2005, S. 29

JANK, WERNER/ MEYER, HILBERT (Hg.) (2002): *Didaktische Modelle*. 5., völlig überarbeitete Aufl., Berlin

JANK, WERNER (Hg.) (2005): *Musik-Didaktik. Praxishandbuch für die Sekundarstufe I und II*. Berlin

JÜNGER, HANS (2003): *Prinzipiell interkulturell! Plädoyer für einen kulturübergreifenden Musikunterricht*, in: Diskussion Musikpädagogik 17, S. 15ff.

KAISER, HERMANN J. (1995): *Zur Bedeutung von Musik und musikalischer Bildung*, in: Deutscher Musikrat (Hg.): Musikforum Nr. 83, Dezember 1995, S. 17ff. (Der gleiche Text findet sich in KAISER 1998, S. 98ff.)

DERS. (1998) (Hg.): *Ästhetische Theorie und musikpädagogische Theoriebildung. Sitzungsbericht 1994/1995 der Wissenschaftlichen Sozietät Musikpädagogik* (= Musikpädagogik Forschung und Lehre, Beiheft 8). Mainz

DERS. (1999): *Musik in der Schule? Musik in der Schule! Lernprozesse als ästhetische Bildungspraxis*, in: AfS-Magazin 8, S. 5ff. (<http://www.afs-musik.de>)

DERS. (2001): *Zeige es! Ein Beitrag zur Theorie musikalischen Lehrens. Lehren als spezifischer Gegenstand musikpädagogischer Forschung*, in: Nordisk Musikpedagogisk Forskning Arbok 5 (= Nordic Research in Music Education Yearbook, Vol. 5, 2001). Oslo, S. 43ff. Wiederveröffentlicht 2003 in: Zeitschrift für kritische Musikpädagogik, <http://home.arcor.de/zf/zfkm/kaiser3.pdf>

KLEIMANN, BERND (1998): *Erfahrung und Argument. Überlegungen zum Begriff musikalischer Rationalität*, in: PFEFFER, MARTIN u. a. (1998), S. 67ff.

DERS. (2002): *Das ästhetische Weltverhältnis. Eine Untersuchung zu den grundlegenden Dimensionen des Ästhetischen*. München

NIERMANN, FRANZ (Hg.) (2001): *Erlebnis und Erfahrung im Prozess des Musiklernens* (= Forum Musikpädagogik, Bd. 37). Augsburg

PFEFFER, MARTIN/ VOGT, JÜRGEN/ ECKART-BÄCKER, URSULA/NOLTE, ECKHARD (Hg.) (1998): *Systematische Musikpädagogik oder: Die Lust am musikpädagogisch geleiteten Nachdenken*. Augsburg

PFEFFER, MARTIN/ VOGT, JÜRGEN (Hg.) (2004): *Lehren und Lernen als Thema der Musikpädagogik. Sitzungsbericht 2002 der Wissenschaftlichen Sozietät Musikpädagogik* (= Wissenschaftliche Musikpädgogik, Bd. 1). Münster

POWERS, RICHARD (2004): *Der Klang der Zeit*. Frankfurt a. M.

RECKWITZ, ANDREAS (2000): *Die Transformation der Kulturtheorien. Zur Entwicklung eines Theorieprogramms*. Weilerswist

ROLLE, CHRISTIAN (1999): *Musikalisch-ästhetische Bildung – Über die Bedeutung ästhetischer Erfahrung für musikalische Bildungsprozesse*. Kassel

SCHÖNHERR, CHRISTOPH (1998): *Sinn-erfülltes Musizieren: Chancen und Grenzen seiner Vermittlung in Probensituationen* (= Perspektiven zur Musikpädagogik und Musikwissenschaft, Bd. 23). Regensburg

DERS. (Hg.) (2003): *Klassenmusizieren in phänomen-orientierter Vermittlung. Dokumentation des Projekts »Wasser ist mehr als H_2O – Wasser in der Musik«* (mit CD-ROM). Berlin

SCHÜTZ, VOLKER (2001): *Umwege zur musikalischen Erfahrung*, in: NIERMANN, FRANZ (Hg.) (2001): *Erlebnis und Erfahrung im Prozess des Musiklernens* (= Forum Musikpädagogik, Bd. 37). Augsburg, S. 22ff.

SEEL, MARTIN (1985): *Die Kunst der Entzweiung: Zum Begriff der ästhetischen Rationalität*. Frankfurt a. M.

DERS. (1991): *Eine Ästhetik der Natur*. Frankfurt a. M.

DERS. (1993): *Zur ästhetischen Praxis der Kunst*, in: DERS. (1996): *Ethisch-ästhetische Studien*. Frankfurt a. M., S. 126ff.

TERHAG, JÜRGEN (2005): *Das Live-Arrangement als Inhalt und Methode des Klassenmusizierens*, in: JANK, WERNER (Hg.) (2005): *Musik-Didaktik. Praxishandbuch für die Sekundarstufe I und II*. Berlin, S. 167ff.

VOGT, JÜRGEN (2004a): *(K)eine Kritik des Klassenmusikanten. Zum Stellenwert Instrumentalen Musikmachens in der Allgemeinbildenden Schule*, in: Zeitschrift für Kritische Musikpädagogik, <http://home.arcor.de/zf/zfkm/vogt7.pdf>

DERS. (2004b): *Musik-Lernen im Kontext von Bildung und Erziehung. Eine Auseinandersetzung mit W. Gruhns »Der Musikverstand«*, in: PFEFFER, MARTIN u. a. (2004), S. 42ff.

WALLBAUM, CHRISTOPHER (1997): *Musik in einer Profiloberstufe*, in: Musik in der Schule 4, S. 188ff.

DERS. (2000): *Produktionsdidaktik und ästhetische Erfahrung*. Veröffentlicht als »Produktionsdidaktik im Musikunterricht« (= Perspektiven zur Musikpädagogik und Musikwissenschaft, Bd. 27). Kassel

DERS. (2005a): *Relationale Schulmusik – eine eigene Praxis und Kunst*, in: Diskussion Musikpädagogik 26, S. 4ff.

DERS. (2005b): *Neue SchulMusik: Ästhetische Praxis oder Enkulturation? Die musikdidaktische Beleuchtung einer exemplarischen Problemsituation im Licht pragmatischer Ästhetik*, in: Institut für Neue Musik und Musikerziehung Darmstadt (Hg.): *Hören und Sehen – Musik audiovisuell*. Mainz, S. 313ff.

Christoph Schönherr (Hamburg)

Kann das Klassenmusizieren den Musikunterricht ersetzen?

Um diese Frage beantworten zu können, müssen zunächst zwei Fragen geklärt werden:
1. Was verstehen wir eigentlich unter »Klassenmusizieren«?
2. Von welcher Begründung für den Musikunterricht im Fächerkanon der allgemeinbildenden Schule gehen wir aus?

Einerseits wird der Begriff des Klassenmusizierens derzeit auf sehr unterschiedliche Weise verwendet, andererseits gehen auch die Begründungen für den Musikunterricht weit auseinander. Es würde den Rahmen dieses Beitrags sprengen, wollte ich hier eine umfassende Bestandsaufnahme der diversen Positionen vornehmen. Ich will mich deshalb darauf beschränken, schlaglichtartig einzelne Facetten der verschiedenen Praxen zu beleuchten (I.), um anschließend von dem Weg zu berichten, den wir im Hinblick auf das Klassenmusizieren in der Musiklehrerausbildung in Hamburg beschreiten (II.).

I.

1. Einige Anmerkungen zum Begriff des Klassenmusizierens

Der Begriff des Klassenmusizierens wird derzeit von unterschiedlichsten Seiten beansprucht:

Zum einen findet das Klassenmusizieren in sog. Klassenorchestern statt. Diese Form gibt es schon seit Jahrzehnten vor allem an Gymnasien mit Musikschwerpunkt. Die Ensembles zeichnen sich durch Instrumentenvielfalt aus. In der Regel findet die Klassenorchesterarbeit zusätzlich zum regulären Musikunterricht statt und ist mehr oder weniger mit dessen Inhalten verknüpft. Die Unterweisung auf dem Instrument liegt meist in den Händen von Privatmusiklehrern und findet *nicht* im Klassenunterricht statt.

Zum anderen hat sich seit einiger Zeit eine weitere Form des Klassenmusizierens etabliert: Sog. Bläserklassen, Streicherklassen, Singklassen, Perkussions- und Flötenklassen usw. Gemeinsam ist allen, dass auch hier mit der ganzen Klasse musiziert wird. In der Regel wird die Organisationsstruktur des Klassenverbandes mit seiner jeweiligen Stundentafel genutzt, um nach einem bestimmten *Lehrgangsprinzip* das Spiel auf einem Instrument zu erlernen. Diese Arbeit beginnt meist in Klasse 5 und wird dann als aufbauender Kurs mit unterschiedlicher Dauer fortgeführt. Ist der Kurs abgeschlossen, musizieren die Schüler oft in den schulischen Ensembles wie Orchester, Big Band, Chor etc. weiter; damit bleibt aber ein Problem ungelöst:

Wie sieht der Musikunterricht in den Folgejahren aus? Denn all jene Lehrgänge – für welche Instrumente auch immer – sind zeitlich begrenzt, und es fehlt ihnen eine Brücke zum regulären Musikunterricht.

Ungeachtet dieser Tatsache erfreuen sich jene Formen des Klassenmusizierens großer Beliebtheit und die Akzeptanz durch Schüler und Eltern scheint ihnen Recht zu geben.

Sobald aber diese Angebote den regulären Musikunterricht *ersetzen*, berühren wir einen neuralgischen Punkt und es stellt sich die Frage:

Findet hier latent eine Neudefinition der Inhalte des Unterrichtsfachs Musik statt?

Ich möchte auf die immer wieder erhobenen Vorwürfe, wie Bläser- bzw. Streicherklassen etc. ließen eine individuelle Instrumentenwahl der Schüler nicht zu, oder ein Lehrer sei gar nicht in der Lage, so viele Schüler gleichzeitig seriös im Instrumentalspiel zu unterweisen, usw. gar nicht eingehen, denn die Lösungen hierfür sind m. E. vor allem in der Organisations- und Finanzierungsstruktur zu suchen. Ich möchte vielmehr den Blick positiv wenden und die inhaltliche Seite befragen:

Wie müsste das Klassenmusizieren inhaltlich begründet und strukturiert sein, damit es den bisherigen Musikunterricht zu Recht (zumindest teilweise) ersetzen kann?

Um zu Lösungen zu kommen, ist es notwendig vorab zu klären, was denn mit »bisherigem Musikunterricht« gemeint ist.

2. Einige Anmerkungen zum Stellenwert des Musikunterrichts im Fächerkanon der allgemeinbildenden Schule

Ich möchte etwas provozierend behaupten, es komme nicht von ungefähr, dass sich Bläserklassen, Streicherklassen etc. so großer Beliebtheit erfreuen, denn sie zeigen für Schüler *und* Lehrer eine Alternative zum traditionellen Musikunterricht auf. Seit Jahrzehnten rangiert das Fach Musik in einschlägigen Studien in der Bewertung durch die Jugendlichen auf den hintersten Plätzen, obwohl nachweislich die Musik für Jugendliche eine zentrale Bedeutung hat. Es ist das *Schulfach* Musik, das die schlechten Noten erhält. Die positiven Erinnerungen an die Musik in der Schule reduzieren sich meist auf Erlebnisse und Erfahrungen, die die Jugendlichen in den außerunterrichtlichen Angeboten wie Chor, Orchester, Band oder Musical-AG hatten bzw. gemacht haben. Hier schließt sich der Kreis zum Klassenmusizieren:

Ganz entscheidend für die Akzeptanz der schulischen Musikangebote ist die Möglichkeit zum eigenen aktiven Umgang mit Musik.

Adornos notwendige *Kritik des Musikanten* hat in der Reaktion der Musikpädagogik dazu geführt, dass die (Kunst-) Werkorientierung und rezeptive Zugangsformen im traditionellen Musikunterricht (zu) dominant wurden. Dazu kamen Lehrpläne, in denen die Vermittlungsproblematik insbesondere bei »autonomen« Kunstwerken unterschätzt wurde. Schlicht, viele Musiklehrer waren damit überfordert, den Schülern plausibel zu machen, warum es für sie beispielsweise sinnvoll sein sollte, sich etwa bei einer Sonate auf die Suche nach dem 2. Thema zu machen. Der Spagat zwischen der weisen Forderung, die Schüler da abzuholen, wo sie gerade stehen, und dem Anspruch der im Unterricht behandelten Werke gelang allzu selten.

Ist das nun ein Plädoyer zum Kappen des letzten Fadens zu unserer reichen abendländischen Musikkultur oder gar der Aufruf zum sinnentleerten Pfeifen und Fideln?

Ganz im Gegenteil! Erinnern wir uns: Die Ausgangsfrage war ja: Kann das Klassenmusizieren den Musikunterricht ersetzen? Ich möchte schon eine vorläufige Antwort wagen: Flächendeckend nein, aber in nicht unerheblichem Maße schon, wenn es gelänge, die als essentiell erachteten Inhalte des Musikunterrichts mit dem Klassenmusizieren zu *verbinden*.

Aber was sind die essentiellen Inhalte des Musikunterrichts? Es würde an dieser Stelle nicht weiterführen, einen Stoff- und Werkkanon für das Fach zu formulieren. Hilfreich scheint mir hingegen zu reflektieren, *welchen Stellenwert das Fach im Kanon der anderen Schulfächer hat bzw. haben könnte*. Musikunterricht in der Schule darf nicht losgelöst von den anderen Fächern gesehen werden. Vielmehr muss hervorgehoben werden, dass Musik (ähnlich wie Kunst und Darstellendes Spiel) im Vergleich etwa zu den naturwissenschaftlichen Fächern ihre ganz eigenen Verstehensangebote bereithält.[1]

Für die inhaltliche (Neu-) Justierung des Fachs Musik ist vorrangig die breite Palette an Erlebnis- und Verstehensangeboten zu sondieren, die (nur) dieses Fach bereithält. Zuerst muss es gelingen, den Schülern deutlich zu machen:

Das hat etwas mit dir zu tun.

An diesem Punkt sind in der Vergangenheit musikpädagogische Konzeptionen, die zu einseitig auf rezeptive Zugangsformen setzten, häufig gescheitert. Die gehörte (und oft auch analysierte) Musik bekam nicht die nötige Bedeutsamkeit für die Schüler. Die Folge war die katastrophale Geringschätzung des Musikunterrichts, die zur baldmöglichsten Abwahl des Fachs führte.

Etwas überspitzt kann die derzeitige Situation wie folgt beschrieben werden:
1. Musikunterricht, der einseitig auf rezeptive Zugangsformen setzt, findet keine Akzeptanz mehr.
2. Musikunterricht, der hingegen den eigenen aktiven Umgang mit Musik favorisiert, erfreut sich zunehmender Beliebtheit, läuft allerdings oft Gefahr, das Fach zu verengen und die Möglichkeiten, die es bietet, nicht auszuschöpfen.

Um zu einer sinnvollen Neujustierung des Fachs zu kommen, müssen möglichst rasch Wege gefunden werden,
- wie die unterschiedlichen Formen des Klassenmusizierens mit anderen, vor allem rezeptiven Zu- und Umgangsformen zu verbinden sind,
- wie die Reflexion über Musik mit dem Klassenmusizieren verbunden werden kann.

Wenig hilfreich dabei ist das Gegeneinander-Ausspielen von Hören und Musizieren im Sinne von angeblich passivem und aktivem Umgang mit Musik. Die spiralförmige wechselseitige Befruchtung beider Umgangsformen ist anzustreben. Wer musiziert, wird anders (intensiver) hören, ebenso ist aktives Hören Voraussetzung für intensives Musizieren. Dennoch findet der eigene praktische Umgang mit Musik, sei es das Musizieren, Tanzen oder das Sich-zu-Musik-Bewegen, bei den Schülern *zunächst* größere Akzeptanz als das Musikhören und ist deshalb als *primäre Zugangsform* vorzuziehen.[2]

---

[1] Vgl. meine konzeptionellen Überlegungen in SCHÖNHERR 2003.
[2] Vgl. SCHÖNHERR 2005.

Kommen wir auf den Stellenwert des Fachs Musik im Kanon der anderen Fächer zurück. Werden wir dem Anspruch des Fachs gerecht, wenn wir es auf das Klassenmusizieren reduzieren? Wenn ich weiter oben darauf hinwies, dass die Musik (das Fach Musik) gegenüber den anderen Fächern ihre ganz eigenen Ausdrucks- und Verstehensangebote bereithält, ist zu fragen, ob man sich auf den kleinen Ausschnitt von Musik, der im Klassenverband musiziert und mehr oder weniger gelungen dargestellt werden kann, beschränken sollte. Denn das wäre die logische Konsequenz aus der Position: Das Klassenmusizieren ersetzt den Musikunterricht.

Ich würde für das Schulfach Musik nicht auf die wunderbare und vielfältigste Musik verzichten wollen, die sich eben aus unterschiedlichsten Gründen *nicht* in der Klasse selbst musizieren lässt. Aber dies muss nicht zwangsläufig zu einem isolierten Nebeneinanderher von Musizieren und Hören führen, vielmehr kann das eigene Musizieren einen Zugang zu (komplexerer) Musik ermöglichen, der über das Hören (allein) nicht gelingen würde.

Ein Beispiel: Selbstverständlich würde ich mit einem noch so guten Klassenorchester nicht Debussys »La Mer« spielen, hingegen lohnt es, dieses Stück hörend im Unterricht zu behandeln. Ich kann allerdings andere leichter zu bewältigende Stücke, die um die Wasserthematik kreisen, mit der Klasse musizieren und anschließend eine Verbindung zu »La Mer« herstellen. Aufgrund der Erlebnisse und Erfahrungen im eigenen praktischen Umgang mit »Wasserstücken« werden die Schüler leichter einen intensiveren Zugang zu Debussys Werk finden. Andererseits wird auch die hörende Auseinandersetzung mit »La Mer« das anschließende Musizieren der eigenen Wasserstücke wieder befruchten.

Bleiben bei dieser Vorgehensweise die Systematik und der Überblick auf der Strecke?

Ich finde, man muss realistisch sehen, dass die Musik in ihrer Vielfältigkeit und ihrem Facettenreichtum derart angewachsen ist, dass eine umfassende historische, gattungs- und stilbezogene Darstellung in der Schule gar nicht mehr möglich ist. Deshalb muss auf das Exemplarische gesetzt werden. An ausgewählten Beispielen muss den Schülern vermittelt werden: Das hat etwas mit mir zu tun.

Im Sinne eines lebenslangen Lernens müssen hier solche Impulse gesetzt werden, die zu Neugierde und *zum eigenen Verstehenwollen der Schüler führen*. Das bedeutet nicht, dass der Musikunterricht von jeglicher Systematik entbunden wäre. Die berühmte Frage: Kommt Barock vor oder nach der Klassik? soll sehr wohl behandelt werden, aber nicht, indem im Sinne behördlich verordneter Standards Epochen gepaukt und abgefragt werden, sondern z. B., indem bei der (vergleichenden) Auseinandersetzung mit Musik aus verschiedenen Epochen auf die Eigenarten der jeweiligen Zeit etc. eingegangen wird. Der Musikunterricht ist immer auch ein Stück weit Geschichtsunterricht.

Die Klammer für die verschiedenen Musikstücke können dabei sog. Grunderfahrungen, Topoi oder auch Phänomene sein. Hiermit komme ich zur Musiklehrerausbildung in Hamburg.

II.

1. Klassenmusizieren in phänomen-orientierter Vermittlung

Musikvermittlung ist kein leichtes »Geschäft«, vor allem, weil das Sprechen über Musik seine Tücken hat. Handelt es sich dann noch um Musik (-Werke) mit sog. Autonomieanspruch, ist ein Scheitern häufig vorprogrammiert, vor allem deshalb, weil es uns nicht gelingt, den rechten »Treffpunkt«[3] zwischen der Musik und dem Hörer/Musizierenden zu finden.

Der Ansatz der »phänomen-orientierten Musikvermittlung« wurde speziell für die Ausbildungssituation angehender Musiklehrerinnen und -lehrer entwickelt, ist aber als Konzeption nicht nur für die Ausbildungssituation tauglich.

WARUM PHÄNOMEN-ORIENTIERUNG?

Hintergrund für die Entwicklung dieses Ansatzes war die Erkenntnis, dass vor allem Berufsanfänger bei der Vermittlung sog. autonomer (Kunst-) Werke überfordert sind.

Wenn das Klassenmusizieren über das Buchstabieren des Notentextes hinausgehen soll, braucht der Musiklehrer Anknüpfungspunkte für seine Vermittlung, d. h. für die Organisation eines Treffens zwischen Musizierenden und dem Musikstück. Diese Aufgabe wurde dadurch erleichtert, dass wir in unseren Projekten von Phänomenen ausgegangen sind (Wasser, Mond, Kälte, Feuer). Die ausgewählten Musikstücke, in denen es um eine ästhetische Gestaltung des Phänomens, also der *Erscheinung* von Wasser etc. geht, lassen Raum für die Subjektseite. Die Schüler drücken beim Musizieren aus, wie Wasser, der Mond etc. *für sie erscheint*. Darin liegt die Vermittlungschance. Gelingt es, den Schülern zu vermitteln: Das hat etwas mit mir zu tun, kann beim Musizieren der Übersprung zum sinn-erfüllten Musizieren gelingen.

---

[3] Diesen Begriff brachte zuerst Christoph Richter in die Diskussion. Vgl. hierzu meine Ausführungen in SCHÖNHERR 1998, S. 60f.

Im Laufe der verschiedenen Projekte hat sich die *große Bedeutung der Einstiegsphase* gezeigt. Sie ist immer fächerübergreifend angelegt und bezieht die ästhetischen Annäherungen vor allem der Bildenden Kunst, der Literatur und des Tanzes mit ein. Erfahrungen aus der Einstiegsphase können als Impulse und Querverweise während des Musizierens immer wieder fruchtbar werden.

Musizieren, das von Phänomenen ausgeht, leugnet die Nähe zur Programmmusik nicht, doch geht es dabei nicht um vordergründiges »Mickeymousing« von Programmabläufen,[4] sondern um die Auseinandersetzung mit der Frage, *wie etwas für mich erscheint.* Die besondere Betonung der Subjektseite birgt natürlich auch ein Problem: Jeder Schüler hat seine eigenen Erlebnisse und Erfahrungen mit Wasser oder Feuer, die nicht deckungsgleich sind mit denen seiner Mitschüler. Man sollte diese Tatsache aber bei der ästhetischen Gestaltungsarbeit eher als *Chance zur Verständigung* begreifen und ihr beim Musizieren den nötigen Raum geben.[5]

Die thematische Bündelung der Stücke, die sich beim phänomen-orientierten Klassenmusizieren ergibt, birgt darüber hinaus die Chance, stilistisch sehr unterschiedliche Stücke zu koppeln. So kann neben de Fallas »Danse Rituelle du Feu« sinnvoll das Rockstück »Fire« von Arthur Brown stehen. Es geht dann nicht mehr um ein Gegeneinander-Ausspielen von Pop und Klassik, sondern um die Fragen: Welche Art von Feuer ist in dem jeweiligen Stück dargestellt, und welches wäre der angemessene Ausdruck bei unseren eigenen Gestaltungsversuchen?

Bei allen bisher durchgeführten Projekten konnten wir überdies feststellen, dass die Neue Musik wesentlich höhere Akzeptanz bei den Schülern fand, als man das sonst aus dem regulären Musikunterricht gewohnt ist. Das erklärt sich m. E. dadurch, dass die Schüler fast eine »kollegiale« Position eingenommen haben und das Musikstück befragten: Zu welchen ästhetischen Darstellungs- und Ausdrucksformen ist denn (der Kollege) Holliger oder Schostakowitsch gekommen?

Von großer Bedeutung für das Musizieren in phänomen-orientierter Vermittlung ist ferner der Aspekt der *Atmosphäre*. Der Philosoph Gernot Böhme bezeichnet sie als die »gemeinsame Wirklichkeit des Wahrnehmenden und des Wahrgenommenen«[6] und verweist damit auf die Brückenfunktion, die sie für

---

[4] Natürlich sind die meisten programmatischen Werke nicht auf bloße Abbild-Programmatik angelegt, es ist vielmehr ein Problem des Musikunterrichts, dass sie häufig in diesem Sinne behandelt werden.
[5] Zu dieser Problematik habe ich mich ausführlicher geäußert in SCHÖNHERR 2003, S. 15f.
[6] BÖHME, S. 34.

die Annäherung der Schüler an die Musik haben kann. Das Nachspüren und eigene Herstellen und Gestalten von Atmosphäre(n), das im Rahmen des hier beschriebenen Musizierens möglich ist, sollte in unserer mediendominierten Welt ein immer wichtigerer Inhalt des Musikunterrichts bzw. aller ästhetischen Fächer in der Schule werden. Hier sind eigene Gestaltungsversuche ein guter Weg, das Bewusstsein für Wirkungsmechanismen von Musik zu stärken.

Ich fasse vorläufig zusammen:
PHÄNOMEN-ORIENTIERUNG
- ermöglicht Vermittlungszugänge (Organisation eines Treffens zwischen Musik und Musizierenden),
- ermöglicht fächerübergreifendes Arbeiten,
- stärkt die Subjektseite (Schüler) beim Musizieren,
- schafft Anlässe zur (nonverbalen) Verständigung über das Phänomen selbst und über die Angemessenheit der eigenen ästhetischen Darstellung,
- ermöglicht eine sinnvoll verknüpfte stilistische Breite des Musikangebots,
- erhöht die Akzeptanz Neuer Musik,
- schärft das Bewusstsein für die Wirkungsmechanismen von Musik.

All diese Einzelaspekte können bei gelungener Vermittlung zu intensiverem und sinn-erfüllterem Musizieren führen, das Interesse und Neugierde auch für Inhalte des Musikunterrichts weckt, die nicht direkt in das Musizieren eingebunden werden können.

Das Musizieren im Klassenverband ist als *unterrichtliche Zentralachse* zu sehen, gewissermaßen als Antriebswelle, mit der auch andere Aggregate (Musiktheorie, Geschichte der Musik etc.) in Schwung gebracht werden.

2. Phänomen-orientierte Musikvermittlung in einer Musikklasse und einer »normalen« Klasse – ein Vergleich

Während die ersten drei Projekte allesamt in Musikklassen stattfanden, wurden für das vierte Projekt »Feuerglut und Funkenflug« bewusst zwei Klassen mit sehr unterschiedlichen Voraussetzungen ausgewählt: Eine Lerngruppe war eine 10. Klasse, die bereits fünf Jahre als Klassenorchester zusammen musizierte. Die andere Musiziergruppe war eine 5. Klasse ohne Musikschwerpunkt, also eine »normale« Klasse mit zwei Stunden Musikunterricht pro Woche. Es gab dort zwar auch einige Schüler, die ein Instrument spielten, aber das war die Ausnahme.

In beiden Lerngruppen arbeiteten die Schulmusikstudierenden des 3. Jahrgangs parallel zum Thema Feuer. In beiden Lerngruppen sollte der eigene aktive Umgang mit Musik der zentrale Ausgangspunkt sein. Eine wichtige Frage, der wir in diesem Projekt nachgingen, lautete: Taugt unser Ansatz nur für Klassenorchester oder lässt er sich auch auf Normalklassen übertragen?

Nachdem sich die eine Studierendengruppe bei den ersten Hospitationen im Oktober vom hohen spieltechnischen Niveau ihrer 10. Klasse überzeugen konnte, begann recht schnell die Suche nach geeigneten Stücken zur Thematik, die für die Besetzung arrangiert werden sollten. Man entschied sich schließlich für eine Bearbeitung von Schumanns »Am Kamin« aus den »Kinderszenen«, sowie ein aufwändiges Arrangement von Manuel de Fallas »Danse Rituelle du Feu«. Als stilistischen Kontrast wählte die Gruppe den Rocktitel »Fire« von Arthur Brown.

Die andere Gruppe, die die 5. Klasse betreute, war mit einer völlig anderen Ausgangssituation konfrontiert: Der Großteil der Klasse hatte keine Instrumentalerfahrungen, während gleichzeitig einzelne Schüler recht passable Leistungen auf ihrem Instrument vorweisen konnten.

Um allen den aktiven Umgang mit der Musik zu ermöglichen, mussten einerseits Arrangements mit extremer Binnendifferenzierung geschrieben werden, andererseits mussten zusätzlich andere Zugangsformen als das (traditionelle) instrumentale Musizieren erschlossen werden. Das führte dazu, dass diese Studentengruppe fast zwangsläufig das Phänomen viel stärker ins Zentrum der Arbeit rückte als die Studierenden, die mit dem Klassenorchester arbeiteten. Sie entschlossen sich zu folgenden »Bausteinen«:

- Eine Improvisation mit Alltagsgegenständen (Äste, Papier, Tücher, Luftballons). Dabei ging es um die klangliche Imitation von verschiedenen Arten von Feuer; Erfahrungen eines gemeinsamen Lagerfeuers, das die Studierenden mit den Schülern organisiert hatten, wurden hier eingebracht.
- Beschreibungen, wie Feuer »klingt«. Sie mündeten in Rezitationen, die in Zusammenarbeit mit der Deutschlehrerin und einer Professorin aus der Schauspielabteilung entstanden. Es wurden sprachlich und szenisch ein Gedicht von James Krüss (»Das Feuer«) und Ausschnitte aus Goethes »Walpurgisnacht« (aus »Faust I«) erarbeitet.
- Ein eigenes Arrangement der Studierenden zu dem Lied »Flackerndes Feuer« von Bartók. Es war so angelegt, dass einerseits der Text gesungen wurde, andererseits die Schüler sich aber auch individuell ihren instrumentalen Fertigkeiten entsprechend musizierend einbringen konnten.
- Die Komposition des Liedes »Licht«, das die Schüler einstimmig sangen, begleitet von einem mehrstimmigen A-cappella-Satz, den die Studierenden übernahmen.

Christoph Schönherr

■ Zwei Choreographien zu einer Eigenkomposition eines Studierenden (»Feuersbrunst«) und zur de Falla-Komposition, die von der 10. Klasse instrumental begleitet wurde.

Die Absicht war, möglichst viele unterschiedliche Facetten von Feuer zu bearbeiten. Wie schon in früheren Projekten war die dem Phänomen Feuer innewohnende Polarität hilfreich (einerseits das gemütlich wärmende Kaminfeuer, andererseits die alles verzehrende Feuersbrunst). Bei der sich über zwei Monate erstreckenden Arbeit mit den Schülern (eine Doppelstunde pro Woche) entstand fast von selbst eine Rahmengeschichte, die die verschiedenen Arten von Feuer miteinander verband. Sie ergab sich aus den unterschiedlichen Vermittlungsimpulsen zu den einzelnen Stücken bzw. aus der gemeinsamen Entwicklung der Choreographien zu »Feuersbrunst« und »Danse Rituelle du Feu«.

Die Frage nach der Tauglichkeit des Ansatzes für Normalklassen kann prinzipiell bejaht werden. Nicht zu unterschätzen ist aber der Arbeitsaufwand, den das Arrangieren für derart heterogene Gruppen bedeutet. In diesem Zusammenhang war für uns erstaunlich, welche Akzeptanz Instrumente fanden, die sonst in diesem Alter schon als »Kinderinstrumente« abgetan werden, sobald für die Schüler deutlich wurde, dass sie eine unverzichtbare Funktion bei der ästhetischen Gestaltung (von Feuer) haben. So wendete sich eine anfängliche Abneigung gegen bestimmte Perkussionsinstrumente, nachdem es dem Studenten gelang, die Bedeutsamkeit für das Arrangement hervorzuheben.

Eine weitere bemerkenswerte Beobachtung betrifft das Hören: Gerade im Zusammenhang mit den Choreographien war diese »Normalklasse« zu ganz außergewöhnlichen Leistungen im Stande. Die Schüler hörten die beiden Stücke derart differenziert, dass sie selbst nach einer durch die Semesterferien bedingten vierwöchigen Pause sich noch genau an die Bewegungsabläufe erinnerten und ohne Anleitung die Choreographie weitgehend wiedergeben konnten. Es war ein gutes Beispiel für die Aktivität, die Hören erfordert, zugleich ein gutes Beispiel, wie etwa die scheinbar trockene Formenlehre an den aktiven Umgang mit Musik angebunden werden kann.

Eine ähnliche kairós-Erfahrung durften wir bei der Generalprobe zur Abschlusspräsentation in der Hochschule machen: Beide Klassen trafen dort zum ersten Mal zusammen. Beide Klassen hatten unabhängig voneinander die gleiche Thematik bearbeitet, ja sie sollten in der Präsentation ihre Stücke gemeinsam in die Rahmenhandlung einbringen. Die 10. Klasse probte ihre Stücke, während die 5. Klasse in den Sitzen unseres Konzertsaales saß und zuhörte. Als nun die 10. Klasse de Fallas »Danse Rituelle du Feu« spielte, zu dem die 5. Klasse ihre Choreographie entwickelt hatte, richteten die Schüler sich wie auf ein Kommando in ihren Sitzen auf und hörten der Musik gebannt zu. Langsam begannen sie gemeinsam, die entsprechenden Bewegungen mit ihren Armen und Händen auszuführen. Es war der aktive Umgang mit der Musik, der diese Qualität des Hörens ermöglichte.

Fazit: Die Rahmenbedingungen in der »Normalklasse« waren in viel höherem Maße geradezu auf die Vermittlungshilfen der Phänomen-Orientierung angewiesen. Das Klassenorchester profitierte zwar von der gelungenen Einstiegsphase, auf die bei den Proben immer wieder rückverwiesen werden konnte, doch aufgrund der komplexen Notentexte waren die Studierenden lange Zeit vorrangig mit der Einstudierung des richtigen Notentextes beschäftigt. Erst in der Endphase, als es um eine »schlüssige Interpretation« ging, kam der Vermittlungsansatz richtig zum Tragen.

Ein großzügigerer Zeitrahmen hätte sicherlich auch schon in den ersten Proben mehr Möglichkeiten für einen Rückbezug auf das Phänomen zugelassen.

3. Verknüpfung des Klassenmusizierens mit dem Musikunterricht

Da wir im Laufe der verschiedenen Projekte zu der Erkenntnis gelangten, dass das Klassenmusizieren den Musikunterricht nicht vollständig ersetzen kann, wurde eine Frage immer wichtiger: Wo bieten sich Möglichkeiten der Verknüpfung des Klassenmusizierens mit dem »traditionellen« Musikunterricht?

Das Phänomen übernimmt hier Brücken- und Klammerfunktion.

Es ist Ausgangspunkt für die Planung und für die Auswahl der Stücke. Mir ist wichtig zu betonen, dass das Phänomen zwar Ausgangspunkt, aber nicht Zentrum der Arbeit ist.

Das Verstehenwollen des Phänomens
befördert die Qualität des Musizierens ebenso
wie das Musizieren die Annäherung an das Phänomen.

Die Musik und das Musizieren sollen nicht missbraucht werden. Es muss eine gute Balance zwischen der ursprünglichen Freude am Musizieren und Gestalten einerseits und der Auseinandersetzung mit dem Phänomen andererseits gehalten werden.

Drei Phasen für Anknüpfungspunkte

Die bisherige Arbeit hat gezeigt, dass man vor allem zwischen drei Phasen unterscheiden kann, in denen sich Anknüpfungspunkte für den »traditionellen« Unterricht ergeben können:

1. Stücksuche

Meist findet man viele Stücke, die einen Bezug zum Phänomen haben, die dann aber z. B. aufgrund der spieltechnischen Schwierigkeiten etc. verworfen werden müssen. Sie sind deshalb aber für die Arbeit nicht verloren, denn sie eignen sich möglicherweise sehr gut für den hörenden Zugang im »traditionellen« Musikunterricht.

2. Planung der Einstiegsphase

Hier dominiert der fächerübergreifende Gedanke. Bei der Suche nach einem griffigen Einstieg findet man schnell ein ganzes Bündel an möglichen Zugängen über außermusikalische Bereiche (Bilder, Gedichte, physikalische Versuche etc.), die man nicht alle in der Einstiegsphase umsetzen kann. Sie können aber (möglichst in der Zusammenarbeit mit den Kollegen aus den entsprechenden Fächern) z. B. parallel zur Musizierphase eingeplant werden.

3. Probenarbeit

Während sich bei den beiden erstgenannten Phasen mögliche Themen oder Aspekte für »angedockten« Unterricht aus der Vorbereitungssituation ergeben, entstehen die Ideen während der Probe aus der Musiziersituation. Es macht sie besonders wertvoll, weil sie sich aus der praktischen Arbeit *ergeben* haben.

Solche »fruchtbaren Momente«[7] zu erkennen, erfordert eine große Wachheit des Probenleiters. Er muss parallel zu seiner Probenarbeit die sich ergebenden Situationen daraufhin abklopfen, ob sie dafür taugen, außerhalb des Klassenmusizierens vertieft zu werden.

In der Ausbildungssituation im Rahmen des Schulmusikstudiums wurden solche »Andock«-Möglichkeiten in der gemeinsamen Auswertung der Probe besprochen und ggf. für den darauf folgenden Unterricht vorgemerkt. Es ergab sich im Laufe der zweimonatigen Probenphase eine ganze Liste von möglichen Unterrichtsthemen, die für Unterrichtsstunden, die im Zusammenhang mit dem Klassenmusizieren stehen, geeignet gewesen wären.

---

[7] Vgl. Copei 1962.

... den Musikunterricht ersetzen?

Das nachstehende Schaubild verdeutlicht am Beispiel des Projekts »Feuersglut und Funkenflug«,

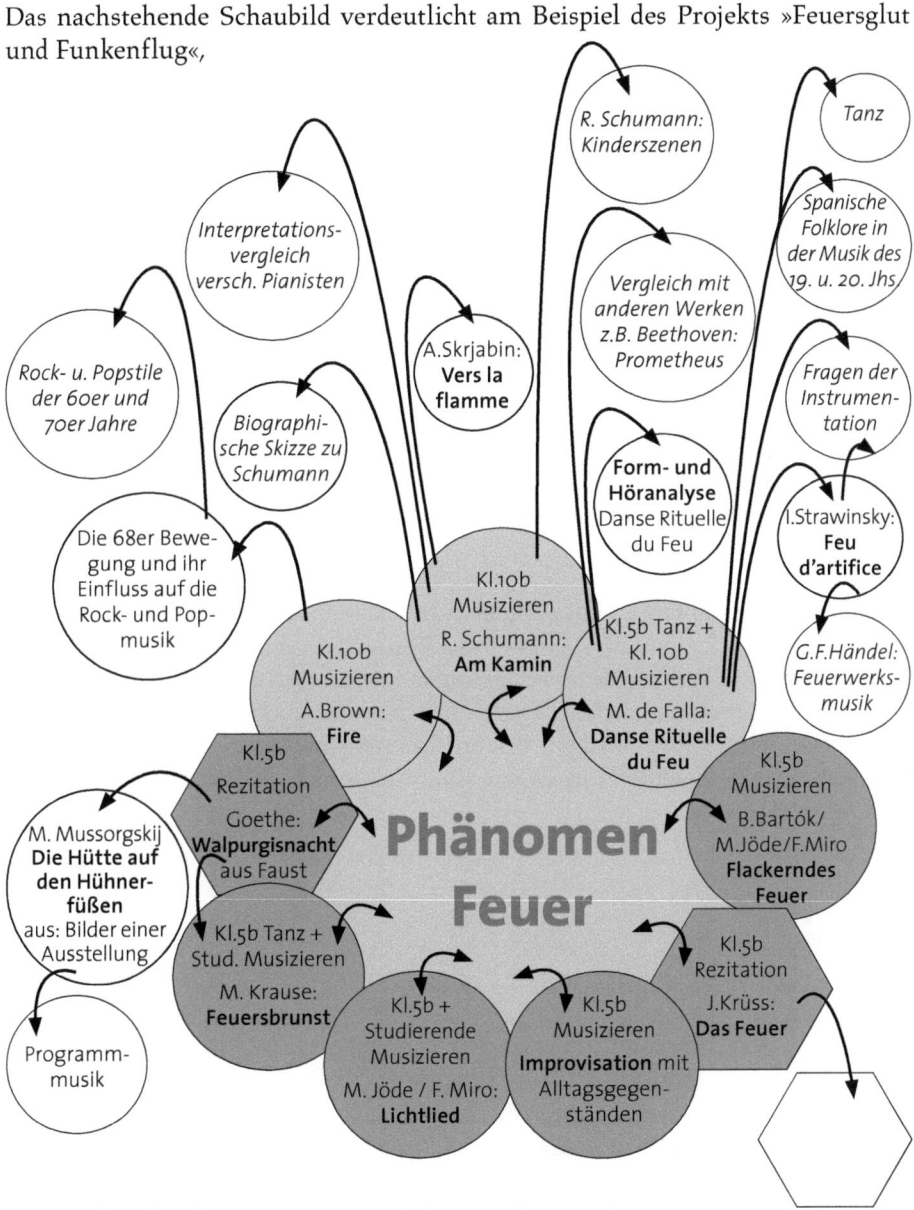

Verknüpfung des Klassenmusizierens mit dem Musikunterricht am Beispiel des Projekts »Feuersglut und Funkenflug«

a) zu welchen Musikstücken und Formen des aktiven Umgangs mit Musik die Studierenden sich für die beiden am Projekt beteiligten Klassen entschieden haben (dunkle Kreise),
b) welcher fächerübergreifende Unterricht an das Klassenmusizieren angedockt war (dunkle Sechsecke),
c) welche Stunden im Rahmen des »traditionellen« Musikunterrichts angedockt wurden (helle Kreise stark umrandet),
d) welche weiteren Themen erwogen, aber nicht in Unterrichtsstunden umgesetzt wurden (helle Kreise).

Aus organisatorischen Gründen wurden die »angedockten« Stunden (helle Kreise) nach Abschluss der Probenphase gegeben. Dies hing mit der Schwierigkeit der Koordination von schulischen Stundenplänen und Studienplänen der Studierenden zusammen. Diese Schwierigkeiten gelten natürlich nur für die Ausbildungssituation. Der Musiklehrer vor Ort hat die Möglichkeit, wesentlich flexibler zu entscheiden, welche Form der Auseinandersetzung mit Musik gerade die geeignetste ist.

SCHLUSSÜBERLEGUNG

Die oben dargestellten Überlegungen zum Klassenmusizieren und seiner Verknüpfung mit dem »traditionellen« Musikunterricht dürften deutlich gemacht haben, dass diese Arbeit am besten gelingen kann, wenn *dieselbe Person* für das Klassenmusizieren und den »traditionellen« Musikunterricht zuständig ist. Eine personelle Splittung der Aufgaben würde diesen Ansatz weitgehend unmöglich machen, weil die erforderliche engste Koordination der Lehrkräfte wahrscheinlich nicht leistbar wäre.

Literatur

BÖHME, GERNOT (1995): *Atmosphäre*. Frankfurt a. M.
COPEI, FRIEDRICH (1962): *Der fruchtbare Moment im Bildungsprozess*. 6. Aufl. Heidelberg
SCHÖNHERR, CHRISTOPH (1998): *Sinn-erfülltes Musizieren – Chancen und Grenzen seiner Vermittlung in Probensituationen*. Kassel
DERS. (Hg.) (2003): *Klassenmusizieren in phänomen-orientierter Vermittlung. Dokumentation des Projekts »Wasser ist mehr als H_2O – Wasser in der Musik«* (mit CD-ROM). Berlin
DERS. (2005): *Der aktive Umgang mit Musik als zentraler Ausgangspunkt für den Musikunterricht*, in: Diskussion Musikpädagogik 25

Werner Jank (Mannheim)

Plädoyer für Artenvielfalt

I. Ausgangspunkte

Institutionelle Ausgangspunkte
Es ist hier nicht nötig, das schon oft gesungene Lamento über die Miseren des Musikunterrichts erneut zu intonieren – es genügt, auf die wichtigsten Probleme knapp zu verweisen:
- sinkende Stundenzahlen in den Stundentafeln,
- Verschwinden des Fachs in Fächerverbünden,
- geringe Akzeptanz und geringes Prestige des Fachs bei der Mehrheit der Schülerinnen und Schüler, Eltern, Kollegien und Bildungspolitiker,
- massenhafte Unterrichtsausfälle bzw. sehr hohe Anteile an fachfremd erteiltem Musikunterricht vor allem an den Grund- und Hauptschulen,
- Abwahl des Musikunterrichts durch eine übergroße Zahl von Schülerinnen und Schülern,
- geringe Kontinuität des Schulfachs Musik sowohl in der Stundentafel als auch inhaltlich,
- oft auch einseitige Orientierung an der Vermittlung theoretischen und historischen Wissens in einem stark lehrerzentrierten Unterricht,
- Unzufriedenheit vieler Kolleginnen und Kollegen an den Schulen mit der Situation und den Ergebnissen ihres Musikunterrichts.
Die Liste ließe sich leicht verlängern.

Vor dem Hintergrund dieser Miseren formuliere ich meine Ausgangsthese:

Musikunterricht steht heute vor der Aufgabe, sich im Gefüge von Schule und Musikausbildung grundsätzlich neu zu positionieren.

Wenn Lehrer sich in den letzten Jahren verstärkt auf das Klassenmusizieren als Unterrichtsform[1] konzentrieren, so kann dies als ein Versuch gedeutet werden,

---
[1] Einen Überblick über die ganz verschiedenen Spielarten des Klassenmusizierens gibt BÄHR 2005.

individuell einen Weg aus den genannten Miseren zu finden. Überhaupt ist es ja so, dass der Trend zum Klassenmusizieren sozusagen »von unten« kam, indem Lehrer sich dafür aus- und weiterbildeten, und zwar außerhalb der etablierten akademischen Musikpädagogik und -didaktik, außerhalb der Lehrerausbildung und außerhalb der staatlichen Lehrerfort- und -weiterbildung. Die akademische Musikpädagogik und -didaktik reagiert erst jüngst zunehmend darauf, obwohl dieser Trend schon seit mehr als zehn Jahren anhält.

Mehrfach wurde auf dem MILU-Symposion in München gesagt, das Klassenmusizieren erlebe einen Boom – aber ist das tatsächlich so? Ich denke, das ist eher ein Boom in den Publikationen – vor allem in bestimmten Verlagen und Zeitschriften. Es fehlt uns der empirisch gestützte, differenzierte Überblick über die quantitative Verbreitung des Klassenmusizierens in der Unterrichtswirklichkeit. In meinem Wirkungsbereich sieht es z. B. so aus: Ich habe regelmäßig mit rund 25 bis 30 Gymnasien zu tun. Die strenge Form instrumentalen oder vokalen Klassenunterrichts wird zurzeit lediglich an fünf dieser Schulen für einzelne ihrer Klassenzüge (nicht für alle) angeboten. Dieser Anteil ist viel zu gering, um hier bereits von einem »Boom« zu sprechen.

Didaktische Ausgangspunkte
Der gegenwärtige Stand der musikpädagogischen Diskussion erlaubt es, einen weitgehenden Konsens in mindestens drei Eckpunkten der Diskussion über das Klassenmusizieren anzunehmen:[2]

a) Musikalisch-ästhetische Erfahrung, die aus dem eigenen musikalischen Handeln der Schüler erwächst, ist ein grundlegendes und deshalb unverzichtbares Moment des Musikunterrichts auch in der allgemeinbildenden Schule (nicht nur in der spezialisierenden Musikschule).
b) Musikunterricht, der ausschließlich das Klassenmusizieren pflegt, lässt jedoch integrale Bestandteile dessen, was traditionell zu den Aufgaben eines allgemeinbildenden Musikunterrichts gehört oder ihm in den letzten rund dreißig Jahren zuwuchs, unberücksichtigt.
c) Das Klassenmusizieren bedarf deshalb einer bildungstheoretischen Rahmung, die nicht alleine aus der Perspektive des Klassenmusizierens selbst heraus gewonnen werden kann, und es bedarf der didaktischen Einbettung in ein Gesamtkonzept des Musikunterrichts in der allgemeinbildenden Schule.

---

[2] Vgl. etwa SCHÜTZ 1996/97; OTT; JANK, S. 69ff.

Daraus ergeben sich Aufgaben für die Musikdidaktik als theoretischer Disziplin und als Ausbildungsfach ebenso wie für die Entwicklung musikdidaktischer Modelle und Konzepte für die Unterrichtspraxis. Dies sind Aufgaben, die lange Zeit im Windschatten der Aufmerksamkeit der Musikpädagogik und -didaktik lagen, nun jedoch zunehmend wahrgenommen werden.

II. Aufbauender Musikunterricht als möglicher Rahmen für das Klassenmusizieren

Johannes Bähr, Stefan Gies, Ortwin Nimczik und ich haben, z. T. in Zusammenarbeit mit einer Reihe weiterer Kollegen aus Schule und Hochschule, konzeptionelle Überlegungen vorgestellt, die ich kürzlich zum didaktischen Modell eines »Aufbauenden Musikunterrichts« gebündelt habe.[3] In diesem Modell hat das Klassenmusizieren einen herausgehobenen Stellenwert und ist eingebettet in eine umfassende Gesamtkonzeption für den Musikunterricht an der allgemeinbildenden Schule.

Aufbauender Musikunterricht verknüpft drei Praxisfelder: vielfältiges Musizieren und musikbezogenes Handeln, den Aufbau musikalischer Fähigkeiten sowie die Erschließung von Kultur(en).

Einige Stichworte zu diesen drei Praxisfeldern:[4]

a) Vielfältiges Musizieren und musikbezogenes Handeln
Das eigene, gemeinsame musikalische Gestalten der Kinder und Jugendlichen – also vor allem das Klassenmusizieren in allen seinen möglichen Formen – erhält im Aufbauenden Musikunterricht zentralen Stellenwert als Fundament, von dem ausgehend sich diese drei Praxisfelder erschließen. Gemeinsames Singen, Bewegungsspiele, Bodypercussion und Tanz sowie verschiedene Formen des Instrumentalspiels in stilistischer Vielfalt bilden einerseits den Ausgangspunkt für den Erwerb musikalischer Fähigkeiten, andererseits Möglichkeiten für deren Anwendung. Musikalisches Gestalten soll deshalb auch den größten Teil der Unterrichtszeit einnehmen. Verschiedene Umgangsweisen mit Musik, das Aufgreifen der musikalischen Gebrauchspraxen der Schüler und Angebote zu ihrer Erweiterung erlauben es, die einzelnen musikalischen Tätigkeiten und das musikbezogene Handeln der Schüler in größere Handlungszusammenhänge

[3] JANK.
[4] Ausführlicher: ebd. S. 92ff.

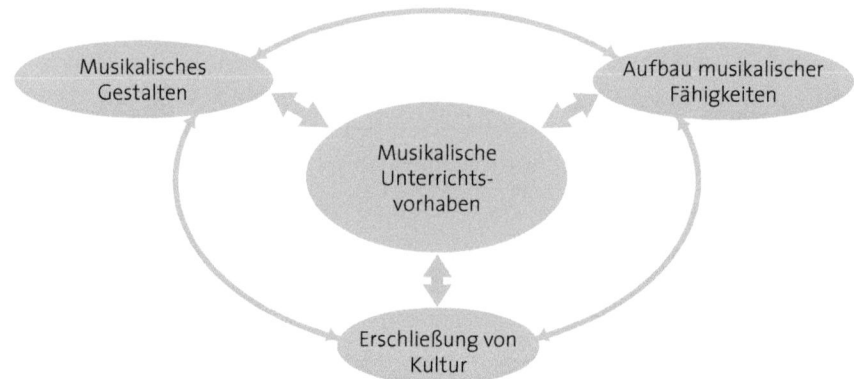

Abb 1: *Musikalische Unterrichtsvorhaben im Kontext Aufbauenden Musikunterrichts*

einzubetten (zum Begriff der musikalischen Gebrauchspraxen siehe unten). Eine solche Einbettung in größere Zusammenhänge lässt sich vor allem in musikalischen Unterrichtsvorhaben oder Projekten realisieren, in denen verschiedene Formen musikalischen Gestaltens und musikbezogenen Handelns unter der Perspektive übergreifender Ziel- und Aufgabenstellungen zusammenfließen.

b) Aufbau musikalischer Fähigkeiten
Musikalische Fähigkeiten werden im Modell des Aufbauenden Musikunterrichts in unmittelbarer Verknüpfung mit dem musikalischen Gestalten schrittweise und gezielt gefördert und kognitiv erschlossen. Es wird ein Musikunterricht angestrebt, in dessen zeitlichem Verlauf die musikalische Erfahrungsfähigkeit, die musikalische Handlungsfähigkeit und das Können sowie die Kenntnis von und das Wissen über Musik schrittweise erweitert werden. Entwicklungs- und lernpsychologische sowie sozialisations- und bildungstheoretische Begründungen dafür habe ich an anderen Stellen mehrfach ausgeführt.[5]

c) Erschließung von Kultur(en)
Was in den beiden zuvor genannten Praxisfeldern erfahren und erarbeitet wurde, soll den Schülern eine allgemeine Grundlage zur Verfügung stellen, von der ausgehend erst das Besondere ihrer eigenen musikalischen Gebrauchspraxen und der verschiedenen musikalischen Umgangsweisen und Gebrauchssituationen im eigenen (europäischen) kulturellen Raum und möglichst auch in an-

---

[5] Etwa in: BÄHR/ FUCHS/ GALLUS/ JANK 2004 oder in JANK, S. 69ff.

Plädoyer für Artenvielfalt

Abb. 2: Die Spirale von Handeln – Können – Wissen – Begriff

deren kulturellen Räumen erfahren werden kann. Die Konzentration auf das musikalische Gestalten und den Aufbau musikalischer Fähigkeiten in den beiden anderen Praxisfeldern zielt also gerade *nicht* auf die affirmative Einübung in die fertigen Muster des Musikbetriebs, sondern auf die Offenheit der musikalischen Entfaltung und Identitätsbildung des Einzelnen in der Vielfalt dessen, was seit einigen Jahren auch in der Musikpädagogik unter dem Begriff der »transkulturell verfassten Gesellschaft« diskutiert wird.

Der Begriff der »musikalischen Gebrauchspraxis«, den ich von Hermann J. Kaiser übernommen habe, bedarf einer knappen Erläuterung. Musik – oder besser vielleicht: verschiedene Musik*en* – spielen im Leben der meisten Menschen eine mehr oder weniger wichtige Rolle. Musiken werden von Menschen für Menschen »gemacht, gespielt, gehört oder nachvollzogen, rezipiert, angeeignet« – nur dadurch sind sie vorhanden.[6] Kaiser nennt dies die »gesellschaftliche Praxis Musik«. Innerhalb eines solchen gesellschaftlich-kulturellen Rahmens konkretisiert sich das musikalische und musikbezogene Handeln der einzelnen Menschen in Handlungszusammenhängen und Situationen, in denen Musik persönlichen, sozialen und gesellschaftlichen Zwecken dient.

Unter die »musikalische Gebrauchspraxis« einzelner, konkreter Menschen fallen »alle Formen vom geselligen Gebrauch von Musik bis hin zum professionellen Umgehen mit ihr. […] Ein junger Mensch, der Solist werden will, bestimmt seinen spezifischen Umgang mit Musik – nicht nur, aber vor allem – von diesem Ziel der Solistenkarriere her; ein Keyboard spielender Jugendlicher definiert seine musikalische Gebrauchspraxis von dem Ziel seines Übens her, z. B. als Mitglied einer Band; ein Musik genießender Mensch macht sich mit Daten der Musikgeschichte und Elementen der Harmonie-, Formenlehre usf. vertraut, um genauer zu wissen, wie ›seine‹ Musik gemacht ist, weil er sie dadurch intensiver genießen kann.«[7]

Kaisers Beispiele machen deutlich, dass musikalische Gebrauchspraxen ein Mindestmaß an Kenntnissen und Können im Bereich der Musik voraussetzen,

---

[6] KAISER 1995, S. 22.
[7] Ebd., S. 22.

aber auch bis zu hohem Können und umfangreichem Wissen reichen können. Sie sind Formen einer Praxis, in der sich sozusagen das Subjekt selbst erzeugt. In musikalischen Praxen – natürlich nicht *nur* in ihnen, aber *auch* in ihnen – geschieht die Vermittlung von Subjekt (dem Menschen) und Objekt (der Musik) – deshalb sind musikalische Praxen relevant für Prozesse der Bildung. Denn zur angemessenen und befriedigenden Bewältigung musikalischer Gebrauchssituationen »benötige ich die entsprechende [...] Kompetenz. Habe ich sie nicht, muss ich sie mir erwerben. Ich muss lernen«.[8]

Daraus ergibt sich für Kaiser die musikpädagogisch entscheidende Frage: »In welchen musikbezogenen Zusammenhängen wird es für Kinder und Jugendliche wichtig, *aus ihrer Sicht* kompetent handeln zu können?«[9]

Nur wenn der Lehrer die Gebrauchspraxen, die die Kinder immer schon mitbringen, aufgreift oder wenn es gelingt, die musikalischen Praxen im Musikunterricht für die Kinder selbst bedeutsam werden zu lassen, kann er erwarten, dass Kinder und Jugendliche ihre musikbezogene Kompetenz erweitern wollen. Dann kann das, was sie im Musikunterricht erfahren, wirklich Wert für ihre individuellen musikalischen Gebrauchspraxen erlangen.

Die mit Bezug auf das Praxisfeld der Kulturerschließung und mit dem Hinweis auf die individuelle Verschiedenartigkeit musikalischer Gebrauchspraxen angesprochene Vielfalt und Offenheit muss sich auch in etwas niederschlagen, was ich die »Artenvielfalt« des Musikunterrichts nennen möchte: In einer Vielfalt seiner Themen, Organisationsstrukturen und methodischen Formen. Aufbauender Musikunterricht kann ganz verschieden verwirklicht werden. Er darf nicht nur als geschlossenes, durchrationalisiertes Modell in fixierten methodischen Formen gestaltet werden, wie dies in manchen Konzepten von Instrumental- und Gesangsklassen geschieht: Je enger dort der Rahmen gezogen ist, in dem sich das Klassenmusizieren bewegt (stilistisch, methodisch), desto begrenzter werden seine Perspektiven im Hinblick auf die Ziele und Inhalte des Unterrichts sein. Die mir bekannten Konzepte des Klassenmusizierens leisten die hier geforderte Verbindung eines aufbauenden Unterrichts mit einer grundsätzlichen Offenheit der Konzeption gerade eben nicht oder zu wenig; Konzepte, die dies in unterrichtspraktischer Hinsicht leisten könnten, fehlen uns noch weitgehend, obwohl wir über eine große Fülle an Unterrichtsmaterialien verfügen, die aber eben kein zusammenhängendes Ganzes ergeben. Vor diesem Hintergrund ist es m. E. zu begrüßen, wenn die Schüler an den einzelnen Schulen verschiedene

---

[8] Ebd., S. 24.
[9] KAISER 2001, S. 9.

Möglichkeiten des Klassenunterrichts vorfinden, zwischen denen sie wählen können. An einer ganzen Reihe von Schulen gibt es z. B. gegenwärtig bereits für die Schüler die Wahl zwischen Instrumentalklassen und traditionellem Musikunterricht oder die Wahl zwischen verstärktem Musikunterricht und Unterricht mit regulärer Stundenausstattung.

III. Ausgewählte Aspekte und Problemfelder des Klassenmusizierens

Nach dem Plädoyer für die Artenvielfalt des Musikunterrichts möchte ich im abschließenden dritten Teil einige ausgewählte Aspekte in unsystematischer Zusammenstellung andeuten, die mir für das Klassenmusizieren wichtig erscheinen.

- *Klassenmusizieren sollte weder bloßer Selbstzweck sein, noch sollte es reduziert werden auf eine Zulieferfunktion für andere musikalische Lernziele.*
  Denn die verschiedenen Formen musikalischen Gestaltens im Unterricht haben einerseits ihren Eigenwert. Andererseits sollen durch sie auch Erfahrungsräume geöffnet werden, die sich nur über diesen Weg aufschließen lassen. Dieses Ziel lässt sich auffächern in ein Netz verschiedener funktionaler Bezüge. Johannes Bähr[10] hat solche Funktionen für das Klassenmusizieren kürzlich systematisch zusammengestellt.

- *Aufbauendes Musiklernen und Kreativität müssen in sinnvoller Weise aufeinander bezogen werden und aufeinander aufbauen.*
  Dominiert einseitig das systematisch Aufbauende, so wird aus dem Unterricht schnell Drill und Konditionierung. Umgekehrt hingegen: Der Verzicht auf aufbauendes Lernen erhebt das Voraussetzungslose zum Ideal. Dann bleibt Kreativität begrenzt auf das (meist sehr wenige), was die Schüler ohnehin schon können – sie können dann keine Kreativität entfalten, weil ihnen ein Fundament ebenso fehlt wie die Perspektive einer Weiterentwicklung und womöglich Verbesserung unter dem Anspruch musikalischer Qualität.

- *Eigenes musikalisches Gestalten der Schüler ist eine unverzichtbare Grundlage für musikalisch-ästhetische Erfahrungen im Umgang mit Musik und Kultur, die auf andere Weise nicht gewonnen werden können.*
  Darüber hinaus gilt aber auch umgekehrt: Die Erfahrung von Kunst bzw. Musik und Kultur fördert den Sinn der Schüler für die Qualität des eigenen

[10] BÄHR 2005.

Musizierens und musikbezogenen Handelns. Christian Rolle hat in seinem Beitrag zu diesem Symposion zu Recht auf die Bedeutsamkeit der Frage nach den Qualitäten des Klassenmusizierens aufmerksam gemacht. Diese Frage nach der Qualität wird übrigens, diese Nebenbemerkung sei mir erlaubt, auch an traditionelle Unterrichtsformen und den alltäglichen Musikunterricht an unseren Schulen viel zu selten gestellt.

■ *Musikunterricht ist auf die innere Bereitschaft und Zustimmung der Schüler angewiesen, wenn er wirklich etwas erreichen will.*
Diese Zustimmung kann im Allgemeinen heute keineswegs vorausgesetzt werden, auch am Gymnasium nicht. Auffallend ist, dass an Schulen, an denen Klassenmusizieren mit besonderer Intensität betrieben und durch Aufführungen öffentlich wird, diese Zustimmung besonders groß ist, wie das Einwahlverhalten bzw. die Anmeldezahlen zeigen. Dieses Aktivierungs- und Motivierungspotential einerseits und der Bildungsauftrag des Musikunterrichts in der Schule andererseits dürfen nicht gegeneinander ausgespielt, sondern müssen aufeinander bezogen werden.

■ *Musik und musikbezogene Ausdrucksformen müssen grundsätzlich innerhalb eines Gesamtzusammenhangs von Mensch und Musik thematisiert werden.*
Darauf insistiert Volker Schütz in der Folge seiner Auseinandersetzung mit der »transkulturellen Verfasstheit« unserer Gesellschaft (Wolfgang Welsch). Er verbindet damit die Erkenntnis, dass keine musikbezogene Ausdrucksform eine höhere Wertigkeit beanspruchen kann als eine andere. Verschiedene musikalische und musikbezogene Ausdrucksformen sind gleichwertig, aber nicht durch Nivellierung, sondern gerade wegen ihrer Verschiedenartigkeit. Er nennt ein solches Verständnis in kulturtheoretischer Perspektive eine »anthropozentrische Sichtweise« von Musikkultur und schreibt:
»Das Postulat der Gleichwertigkeit von Musik impliziert also nicht etwa die Aufhebung unterschiedlicher Wertsetzungen zugunsten eines für alle verbindlichen Consensus. Es impliziert allerdings Respekt und Toleranz gegenüber der individuellen Wertentscheidung. Es akzeptiert und fördert die Vielheit unterschiedlicher kultureller Identitäten und widerspricht damit einer wertenden Hierarchisierung, auch einer Herabsetzung von musikalischen Ausdrucksformen.«[11]

---

[11] Schütz 1996, S. 103.

Musikpädagogisch gewendet bedeutet dieses Insistieren auf dem Gesamtzusammenhang von Mensch und Musik, nicht mehr zu fragen, welche Defizite ein Schüler noch aufholen muss. Vielmehr ist zu fragen, welche Besonderheiten, welche individuellen Lösungen, welche Stärken und welche interessanten und kreativen Ideen sich in der je individuellen musikalischen Identität der Schüler zeigen. Auch hier plädiere ich also für »Artenvielfalt« – nämlich die der Schülerinnen und Schüler. *Diese* zu fördern – darauf kommt es an.

Literatur

BÄHR, JOHANNES (2005): *Klassenmusizieren*, in: JANK, WERNER (Hg.): *Musik-Didaktik. Praxishandbuch für die Sekundarstufe I und II*. Berlin, S. 159ff.

BÄHR, JOHANNES/ FUCHS, MECHTHILD/ GALLUS, HANS-ULRICH/ JANK, WERNER (2004): *Weniger ist mehr. Überlegungen zu einem nachhaltigen Musikunterricht in den Klassen 1–6*, in: ANSOHN, MEINHARD/ TERHAG, JÜRGEN (Hg.): *Musikunterricht heute 5: Musikkulturen – fremd und vertraut*. Oldershausen, S. 420ff.

JANK, WERNER (Hg.) (2005): *Musik-Didaktik. Praxishandbuch für die Sekundarstufe I und II*. Berlin

KAISER, HERMANN J. (1995): *Zur Bedeutung von Musik und musikalischer Bildung*, in: Deutscher Musikrat (Hg.): Musikforum Nr. 83, Dezember 1995, S. 17ff.

DERS. (2001): *Kompetent, aber wann? Über die Bestimmung von »musikalischer Kompetenz« in Prozessen ihres Erwerbs*, in: Musik & Bildung 3, S. 5ff.

OTT, THOMAS (2003): *Welche Kompetenz? Welche Kultur?*, in: Diskussion Musikpädagogik 20, S. 9ff.

SCHÜTZ, VOLKER (1996): *Schwierigkeiten bei der Verständigung über Musik in Zeiten der Transkulturalität. Über einige Probleme eines Musikpädagogen mit der Musikwissenschaft*, in: OTT, THOMAS/ VON LOESCH, HEINZ (Hg.): *Musik befragt – Musik vermittelt. Peter Rummenhöller zum 60. Geburtstag*. Augsburg, S. 91ff.

DERS. (1996/1997): *Welchen Musikunterricht brauchen wir? Teil 1: Klärung einiger Voraussetzungen; Teil 2: Perspektiven eines brauchbaren Musikunterrichts*, in: AfS-Magazin 1, S. 3ff. und 3, S. 3ff. (<http://www.afs-musik.de>)

Ludwig Striegel (Mainz)

Klassenmusizieren als integratives Unterrichtskonzept: Das Mainzer Modell

Seit Anfang der 90er Jahre wird in Mainz und einer immer weiteren Umgebung das Konzept des »Klassenmusizierens mit Blasinstrumenten« und in geringerem Umfang auch des »Klassenmusizierens mit Streichinstrumenten« praktiziert. Organisatorisch und personell betreut und unterstützt werden die Konzepte durch die »Akademie für Musikpädagogik« mit Sitz in Wiesbaden. Mittlerweile kann man von einem regelrechten Boom sprechen; die Anzahl der Schulen aller Schularten, die sich dem Klassenmusizieren verschreiben, steigt ständig, wie auch die Nachfrage nach entsprechend qualifizieren Lehrkräften. Gut besuchte und begeistert aufgenommene Konzerte geben Vermutungen über einen neuen »Königsweg« des schulischen Musikunterrichts Nahrung. Wie steht es damit tatsächlich?

Vorgeschichte(n)

Die Konzepte für Bläser- und Streicherklassen beruhen auf amerikanischen Vorbildern wie den Brass Bands der High Schools und Colleges, die nach dem Zweiten Weltkrieg von ehemaligen Militärmusikern zu oft hoher Leistungsfähigkeit gebracht wurden; in den USA spielen diese Bands als Standort-Faktoren im Wettbewerb um Schüler auch heute noch eine bedeutende Rolle. Allerdings wird auch von amerikanischen Musikpädagogen beklagt, dass das alleinige Ziel dieser Bands im Musizieren liegt; eine Verbindung zu anderen Inhalten und Tätigkeitsformen von Musikunterricht findet gewöhnlich nicht statt. Für die Streicher ist das Vorbild die Paul-Rolland-Methode, die seit etwa 1970 in Nordamerika verbreitet ist.

Am Beispiel des Klassenmusizierens mit Blasinstrumenten will ich kurz das derzeit praktizierte Konzept darstellen und aufzeigen, worin nach meiner Meinung die besonderen Chancen, aber auch Defizite liegen. Anschließend soll kurz skizziert werden, wie sich auf diesen Erfahrungen fußend ein integratives Konzept des Klassenmusizierens gestalten ließe.

Ich muss gestehen, dass meine erste Begegnung mit Bläserklassen im Jahr 1997, damals im Auftrag des Bayerischen Kultusministeriums, in mir erhebliche Skepsis erweckte. Wie sollte es möglich sein, dass ein Lehrer eine gesamte Klasse in allen gebräuchlichen Instrumenten eines Symphonischen Blasorchesters unterrichtet, und gleichzeitig auch die Erfordernisse des Lehrplans erfüllt? Ich muss gestehen, dass die Erfahrung der Unterrichtspraxis, seinerzeit bei einem Besuch in Mainz gewonnen, mir stark imponierte, aber in mir auch Zweifel an der Kompatibilität mit anderen Unterrichtskonzepten wachrief. Denn gerade die Integration der Bläserpraxis, die ausnahmslos beeindruckend war, in den regulären Musikunterricht schien mir noch nicht genügend durchdacht. Denn das, was ich tatsächlich wahrnehmen konnte, war ein Unterricht, dessen Endzweck wie in Amerika im gemeinsamen Musizieren bestand und der zwar praktische Fertigkeiten sowie einige theoretische Kenntnisse, aber keinerlei kulturelle Kontexte zu vermitteln vermochte. Entsprechend musste ich in dem damals erstellten Gutachten eine Verbindung mit den Lehrplänen und eine Integration in den regulären Musikunterricht in Bayern als nicht realisierbar darstellen; es erschien mir allenfalls eine Möglichkeit, die Bläser- und Streicherklassen im AG-Bereich anzusiedeln, was dann tatsächlich in einigen Schulen geschah.

Bläser- und Streicherklassen in Rheinland-Pfalz

In Rheinland-Pfalz, wo ich seit 2000 arbeite, kann man von einem richtiggehenden Klassenmusizier-Boom sprechen. Mittlerweile hat mehr als die Hälfte der weiterführenden Schulen eine oder mehrere Bläserklassen, die Streicherklassen sind etwas weniger verbreitet. Auch in Grundschulen finden sich schon einige Bläser- und Streicherklassen, von besonderem Interesse ist eine interkulturell zusammengesetzte Streicherklasse in der Mainzer Goethe-Schule, einer sozialen Brennpunktschule. Für das Schulleben und die Außenwirkung der Schulen sind die Musizierklassen von hoher Bedeutung, tragen oft zu einer besonderen Identität der Schulen bei. Am Beispiel einer Bläserklasse will ich das kurz beleuchten.

Im Normalfall entscheiden sich die Kinder – bzw. ihre Eltern – beim Eintritt in die 5. Klasse für eine Bläserklasse oder für eine »normale« Klasse. Die Festlegung gilt für zwei Jahre und beinhaltet eine monatliche Gebühr von ca. 15 Euro, die für Instrumentenleihe, Versicherung und Reparatur verwendet wird. Der Verband der Deutschen Musikinstrumentenhersteller stellt dazu zu günstigen Konditionen Instrumente zur Verfügung. Die Schüler lernen zunächst alle Instrumente kennen und entscheiden sich danach in Absprache mit dem Lehrer für ein Instrument, das sie in den beiden Unterrichtsjahren spielen. Das klingt zwar etwas utopisch, lässt sich in der Praxis jedoch meist zu aller Zufriedenheit regeln. Die Kinder spielen von Anfang an zusammen und erweitern ihre Spielfähigkeiten stetig. Dazu stehen einige erprobte Unterrichtswerke zur Verfügung, die allerdings stilistisch begrenzt sind, einem gewissermaßen »amerikanischen« Geschmack folgend. Dazu wird noch einiges zu sagen sein.

Nach zwei Jahren endet der verpflichtende Teil der Bläserklassen, die Schüler haben die Möglichkeit, ihr Instrument wieder abzulegen. Es ist eine bemerkenswerte Tatsache, dass das nur relativ wenige tun – die Quote derer, die sich ab der 7. Klasse selbst ein Instrument beschaffen, an der Musikschule Unterricht nehmen und in verschiedenen schulischen wie außerschulischen Ensembles wie Big Band oder Blasorchester weiter musizieren, liegt bei etwa 70%, in manchen Schulen mit langer Bläserklassentradition sogar bei etwa 80%. Das ermöglicht, dass Bläserklassen auch in weiteren Jahrgangsstufen weitergeführt werden können.

Für den Unterricht stehen je nach Schulsituation zwischen zwei und drei Wochenstunden zur Verfügung – die Bereitschaft der Schulleiter, bei der Stundenverteilung Schwerpunkte zu setzen, wird sicherlich auch durch den Erfolg des Konzepts nachhaltig beeinflusst. Die Verteilung dieser Stunden ist je nach Situation variabel und lehrerabhängig. Ein häufig praktiziertes Modell bietet zwei Stunden Klassenmusizieren mit Blasinstrumenten und eine Stunde »theoriegeleiteten« Unterricht, wobei sowohl Musiktheorie als auch andere musikbezogene Tätigkeiten wie Singen und Tanzen einbezogen werden. Im Bereich der in Rheinland-Pfalz mittlerweile etablierten Ganztagsschule bieten sich durch die höhere zur Verfügung stehende Stundenzahl zusätzliche Möglichkeiten.

Qualifikation von Lehrern

Enorm ist die Nachfrage nach qualifizierten Lehrkräften, die in diesen Klassen unterrichten können. Bislang konnte diese Qualifikation nur über Kurse verschiedener Anbieter (Akademie für Musikpädagogik in Wiesbaden, Yamaha) erworben werden, bei denen Lehrkräfte neben ihrer normalen Unterrichtstätigkeit in Wochenendseminaren über mehrere Jahre in allen in der jeweiligen Klasse zu spielenden Instrumenten unterrichtet wurden und zur Didaktik und Organisation von Bläser- und Streicherklassen Informationen erhielten. Auch Elemente der Supervision waren in diesen selbst zu finanzierenden Kursen vorgesehen.

Seit 2002 habe ich an der Musikhochschule Rheinland-Pfalz, zu der der damalige Fachbereich der Universität mittlerweile umgestaltet wurde, derartige

Kurse ins normale Ausbildungsprogramm der Schulmusikstudenten aufgenommen. In einjährigen Kursen erwerben unsere Studierenden Grundlagen der Spieltechnik aller einschlägigen Instrumente, setzen sich mit Fragen der Organisation und Didaktik des Klassenmusizierens auseinander und besuchen den Unterricht entsprechender Klassen. Zur Abschlussprüfung gehören Instrumentalvorspiel, mündliche Prüfung und Lehrprobe; über das Bestehen wird ein Zertifikat ausgestellt. Mittlerweile laufen in Mainz der vierte Bläser- und der dritte Streicherkurs mit großem Erfolg. Die Anzahl der Anmeldungen übersteigt regelmäßig die zur Verfügung stehenden Plätze; ich garantiere aber allen Studierenden, dass sie im Laufe ihres Studiums an beiden Kursen teilnehmen können. Für die spätere Tätigkeit an der Schule ist der Nachweis dieser Ausbildung unter Umständen von großer Bedeutung; häufig schreiben Schulen Musiklehrerstellen gezielt auf die Befähigung zur Fortführung einer eingeführten Bläser- oder Streicherklasse aus.

Die Kurse an der Hochschule werden von jeweils zwei Lehrkräften im Team-Teaching unterrichtet; wir sind dabei, ein Tutorensystem einzurichten, in dem auch Studierende der Diplomstudiengänge unsere Anfänger bei der schwierigen Übearbeit an den jeweiligen Instrumenten unterstützen. Die Blasinstrumente, die uns von der Akademie für Musikpädagogik zur Verfügung gestellt wurden, werden nach einem Leihsystem in zweiwöchigem Wechsel getauscht. Die Kurse im Klassenmusizieren stellen an die Studierenden hohe Anforderungen, die naturgemäß nicht jeder in gleichem Maß erfüllen kann. Insgesamt möchte ich jedoch behaupten, dass fast alle der so ausgebildeten Musiklehrer in der Lage sein werden, mit entsprechender Unterstützung in Bläser- und Streicherklassen mitzuwirken.[1]

Zusammenarbeit mit der Musikschule

Für eine sinnvolle Arbeit in der Schule ist eine Anpassung an die jeweils vor Ort gegebenen Möglichkeiten unerlässlich. Das betrifft auch die Arbeit mit Lehrkräften von Musikschulen, die in den Klassenmusizierunterricht eingebunden werden können und sollen; das Land Rheinland-Pfalz stellt dafür ausdrücklich Mittel in Form von Zeitverträgen zur Verfügung.

Bereits die (noch zu erweiternde) Verknüpfung unserer Kurse mit der Aus-

---

[1] Seit diese Kurse bei uns laufen, werden wir von Studieninteressenten regelrecht überlaufen; ich weiß derzeit nicht, wie wir die vielen Studienbewerber mit unseren beschränkten Kapazitäten bewältigen sollen, wir können nur einen kleinen Teil aufnehmen.

bildung von Diplommusiklehrern bzw. späteren Bachelor- und Masterstudiengängen versucht die Notwendigkeit der Zusammenarbeit vor Ort in den Blick zu nehmen. Die in der Praxis eingeführten Möglichkeiten der Organisation sind vielfältig, vom alleinigen Unterricht durch einen Lehrer über Team-Teaching-Modelle bis hin zu Aufgabenverteilungen, bei denen die instrumentale Seite mehr von Lehrern der Musikschulen betreut wird. Das sollte auch so bleiben und flexibel nach den jeweils gebotenen Möglichkeiten gehandhabt werden. Entscheidend für eine Integration in den normalen Musikunterricht erscheint mir, dass auch das Klassenmusizieren eine Dimension erhält, in der das eigene Musizieren in der Klasse unmittelbar auf einen vielfältigen Umgang mit musikalischen Kontexten bezogen wird. Und dafür ist der ausgebildete Musiklehrer unerlässlich – ein Ersetzen von Musiklehrern durch Musikschullehrer findet genau hier seine Grenze. Das soll an zwei Beispielen, die mir für eine zukünftige Didaktik des Klassenmusizierens entscheidend scheinen, aufgezeigt werden.

Repertoire der Bläser- und Streicherklassen

Das bisher in den verbreiteten Unterrichtswerken meist amerikanischer Herkunft bereitgestellte und daher oft gespielte Repertoire ist nach meiner Meinung einseitig und sowohl historisch als auch stilistisch zu eng. Der Bereich der »Klassik« beschränkt sich dabei auf einige wenige bekannte Stücke, die naturgemäß aus dem Zusammenhang gerissen werden, wie Beethovens »Ode an die Freude«. Zu berücksichtigen ist natürlich immer, dass gerade für die sehr begrenzten Möglichkeiten des Anfängerunterrichts nicht viele Stücke in Frage kommen und entsprechend arrangiert werden müssen.

Die Johannes Gutenberg-Universität hat meinem Theorie-Kollegen Prof. Rokahr und mir Forschungsgelder zur Verfügung gestellt, mit denen wir ein breiteres Repertoire für Bläser- und Streicherklassen arrangieren bzw. komponieren (lassen) können. Unter Mitarbeit von Arrangeuren aus ganz Deutschland ist so ein erstes Heft mit Bläserklassen-Arrangements entstanden, das in Kürze publiziert wird. Die insgesamt 39 Stücke, die den Grundstock eines neuen Repertoires bilden sollen, beziehen bewusst alle im schulischen Unterricht wesentlichen Zeiten und Stile ein. Lieder, Instrumental- und Vokalstücke vom Mittelalter bis zur Gegenwart wurden in unterschiedlich komplexen und variabel zu handhabenden Arrangements für verschiedene Stufen des Bläserklassen-Musizierens verfügbar gemacht. Für die Streicherklasse ist ein vergleichbares Heft in Bearbeitung und wird im nächsten Jahr erscheinen. Die Stücke bzw. Stile wurden dabei ganz bewusst danach ausgesucht, dass sie auch für andere Formen des musikalischen Umgangs ergiebig sind.

Integration in den Schulunterricht: Ein Lehrbuch zum Repertoireheft

Die leitende Idee hinter der Anlage des Repertoireheftes ist der Wunsch, dass sich Schüler mit den Stücken, die sie im Klassenmusizierunterricht auf dem Instrument spielen, auch in vielfältiger Weise auseinander setzen. Dazu gehört das Singen und Musizieren ebenso wie das Komponieren und Improvisieren, das Hören und Reflektieren wie das Umsetzen in Bild und Bewegung. Fragen der Musiktheorie sollen unmittelbar am klingenden Beispiel erarbeitet und erfahren werden. Im konkreten Fall sieht das so aus, dass zu jedem Arrangement des Repertoireheftes ein Unterrichtsmodell entwickelt wird, das sich mit dem Stück als Ganzes (die Schüler spielen ja im Normalfall nur eine Stimme eines mehrstimmigen Gebildes), mit seinen theoretischen Bedingungen und seinen kulturellen Kontexten auseinander setzt und darüber hinausgehende Bezüge aufzeigt und Fragen aufwirft. Das kann an einem einfachen Lied ebenso geschehen wie an Mahlers »Bruder Jakob«-Satz aus der 1. Symphonie. Entscheidend ist dabei der Zusammenhang einer ganz unmittelbaren Spielerfahrung mit den vielfältigen Möglichkeiten eines handlungsorientierten wie reflexionsgeleiteten Musikunterrichts – zumindest auf dem Papier wohl ein Idealfall. Die Unterrichtsmodelle werden in einem Schülerbuch publiziert, das neben einleitenden und erläuternden Texten auch Notenbeispiele, Bilder und Aufgaben enthalten wird und mit zusätzlichen Materialien (Tonträger, Arbeitsblätter) zu ergänzen ist. Dieses Buch befindet sich derzeit in der Erarbeitungsphase und soll im Wesentlichen bis zum Herbst fertig gestellt sein. Für das Repertoireheft der Streicherklasse wird ebenso ein Schülerbuch erstellt.

Diese genannten Materialien können und sollen eingeführte Unterrichtswerke nicht ersetzen, sollen sie aber erweitern und den Anschluss des Klassenmusizierens an den regulären Unterricht mit seinen Lehrplanvorgaben und seinen fachübergreifenden und Fächer verbindenden Konzepten erleichtern; ich erhoffe mir von diesem integrativen Element eine neue Qualität von Musikunterricht.

Wissenschaftliche Evaluation

Bislang konnte ich Ihnen vor allem von neuen Konzepten zum Klassenmusizieren berichten, wie ich sie auf der Basis der in Mainz gegebenen Situation zu entwickeln versuche. Wenn diese Konzepte tatsächlich Bestand haben sollen, müssen sie einer wissenschaftlichen Evaluation standhalten. Das kann im Moment noch nicht für die beschriebene »Utopie« geschehen, sondern zunächst nur für die bereits existierenden Bläser- und Streicherklassen. Es beschäftigen sich derzeit einige Dissertationen mit empirischen Untersuchungen – quantitativ wie qualitativ – zum Ergebnis des Unterrichts in Bläser- und Streicherklassen. Einige Examensarbeiten, die ich in den letzten Jahren vergeben habe, wiesen – allerdings mit begrenzter Aussagekraft wegen der meist zu geringen Stichprobe – bereits Unterschiede in musikbezogenen Einstellungen und Verhaltensweisen der Teilnehmer von Klassenmusizier-Klassen und regulären Klassen nach, sogar bis hin zur Singbereitschaft. In einer größeren Untersuchung, die mein Assistent Michael Schuhmacher derzeit im Rahmen seines Dissertationsvorhabens durchführt, wies ein erstes soziometrisches Zwischenergebnis durchaus signifikante Verbesserungen im Klassenklima mehrerer Bläserklassen im Vergleich zu Kontrollklassen auf – allerdings wäre es derzeit voreilig, daraus pauschale Schlüsse zu ziehen. Die Evaluation wird den Prozess des integrativen Klassenmusizierens weiter begleiten müssen. Die erhobenen Daten sollten wir mit aller Vorsicht interpretieren – insofern möchte ich hier den Prozess betonen, auf dessen Erfolg ich hoffe.

Klassenmusizieren als integratives Unterrichtsmodell – Einladung zum Kongress

Die Einblicke in den derzeit laufenden Prozess, die ich Ihnen gegeben habe, lassen sicherlich viele Fragen offen, die wir vielleicht in einer Diskussion ansprechen können. Ich möchte betonen, dass das »Mainzer Modell« sich zunächst als ein Versuch versteht, ganz pragmatisch mit den vor Ort vorhandenen Möglichkeiten umzugehen. Der Austausch mit den anderen Modellen des Klassenmusizierens, wie sie sich in Deutschland bewährt haben, und die Offenheit gegenüber Anregungen ist mir ein wichtiges Anliegen. Schritte in diese Richtung sollen auf dem Mainzer Kongress *Bläser?Klasse! – Streicher?Klasse!* im Herbst 2005 gemacht werden, der als ein Forum gedacht ist, eine Anzahl konkreter Beiträge zusammenzubringen und zu diskutieren.

Ortwin Nimczik (Detmold)

Studienfeld Klassenmusizieren: Ein neuer Schwerpunkt im Studiengang Schulmusik an der Hochschule für Musik Detmold

Klassenmusizieren in verschiedenen Ausprägungen boomt in den Schulen. Einen wesentlichen Anteil dabei hat das Musizieren mit Orchesterinstrumenten, vor allem in den so genannten Bläser- oder Streicherklassen. Dabei ist zum einen zu beobachten, dass diese Art des musikalischen Arbeitens von Schülern und Lehrern weitgehend als positiv wahrgenommen wird. Zum anderen wirft sie, gerade bei genauerem Hinsehen und Hinhören, auch tiefgehende Fragen auf. Diese richten sich bei den unterschiedlichen Ausprägungen des Klassenmusizierens in durchaus unterschiedlicher Gewichtung u. a. auf die jeweilige konzeptionelle Zielrichtung, Ausgestaltung und Stimmigkeit, auf den zeitlichen Umfang, die Klassen- bzw. Gruppenkonstellationen, das Einwahlverfahren und die Reichweite in die Klassenstufen hinein, auf die methodisch-didaktische Konsistenz, auf Kriterien der Leistungsmessung und -beurteilung, auf die Instrumentenspezifik verbunden mit den instrumentaldidaktischen Aspekten, auf die musikpädagogische sowie bildungstheoretische Einbindung, die Balance zwischen den Anteilen eines »reinen« Instrumentalspiels und den (möglichen) anderen Anteilen des Musikunterrichts, auf die Breite und Pluralität musikalischer Handlungsformen im Unterricht, die Kontinuität des Instrumentalspiels und auf die Positionierung des Klassenmusizierens im Horizont eines aufbauenden und zugleich Kultur(en) erschließenden Musikunterrichts. All diese angedeuteten Fragen fordern stimmige Antworten heraus. Sie sind zudem jedoch alle eingebunden in eine übergeordnete Frage, nämlich: Wie sollten angehende Musiklehrer überhaupt ausgebildet werden, um ggf. in ihrer zukünftigen Schulpraxis sinnvolle und nachhaltige Arbeit im Bereich des Klassenmusizierens mit Orchesterinstrumenten zu tun? Hierzu bedarf es einer konstruktiven Verknüpfung von beobachtender und analytischer sowie reflektierender und konzeptioneller Arbeit im Studium. Es geht also um eine Verbindung der Fragerichtungen »Welche Konzepte gibt es?« und »Was können/sollen welche Konzepte wie leisten?«. Zugleich muss aber auch eine gute Grundlage für die zukünftige Praxisarbeit sowohl im Bereich des Instrumentalspiels, der Ensemblemethodik und -didaktik als auch der Gruppenleitungskompetenz gelegt werden, die über die Leistungsfähigkeit rascher Nachqualifizierung, z. B. im Rahmen von Wochenendfortbildungen, weit hinausgeht. Im Blick auf eine musikpädagogische Verantwortung gegenüber den zukünftigen Schülergenerationen ist es daher kontraproduktiv, eine vermeintlich oder sogar tatsächlich schlechte Praxis des Klassenmusizierens lediglich zu beklagen. Vielmehr sollten im Musiklehrerstudium Perspektiven einer qualitativ hoch stehenden Ausbildung für diesen Bereich angeboten werden, der sich in besonderer Weise der Erkenntnis verpflichtet weiß, dass musikalisches Handeln die Voraussetzung von Musiklernen ist.

Vor diesem Hintergrund ist an der Hochschule für Musik Detmold im Zuge der in Nordrhein-Westfalen zu vollziehenden Modularisierung des Lehramtsstudiums Musik (Lehramt Musik für das Gymnasium und die Gesamtschule) ein neues Modell entwickelt und ein *Studienfeld Klassenmusizieren* etabliert worden.

Die Module im *Studienfeld Klassenmusizieren* zielen primär auf eine Qualifizierung für einen Unterricht an allgemeinbildenden Schulen, der vom Musizieren mit Instrumenten ausgehend, schrittweise aufbauend musikalische Kompetenz als Grundlage weitergehender musikbezogener Lernprozesse vermittelt. Diese Qualifizierung kann selbstverständlich aber auch in Musikschulen, im kirchlichen Bereich, in Musikvereinen und ähnlichen Institutionen eingebracht und genutzt werden. In diesem Sinne entspricht sie in besonderer Weise der in Zukunft noch zunehmenden Variabilität musikpädagogischer Arbeitsfelder, z. B. im Verbund von allgemeinbildender Schule und Musikschule oder in der Ganztagsschule.

Das *Studienfeld Klassenmusizieren* in seiner Gesamtheit wird Bestandteil der neuen Studienordnung »Lehramt Musik (Ein-Fach-Lehrer = LA 2)« sein. Einzelne Module (zum Teil als Wahlpflichtanteile) können sowohl als Elemente der Studienordnung »Lehramt Musik (zwei Unterrichtsfächer = LA 1)«, der gerade entstehenden neuen Studienordnung »Instrumental- und Vokalpädagogik« sowie der ebenfalls neu entstehenden Studienordnungen für die Kombinationsstudiengänge »Lehramt Musik (LA 2) / Instrumental- und Vokalpädagogik« und »Lehramt Musik (LA 2) / Kirchenmusik« studiert werden. In einer späteren Ausbaustufe sollen die Module des Studienfeldes auch im Kontext der Weiterbildungsangebote der Detmolder Hochschule für bereits im Beruf stehende Musik- und Instrumentallehrer geöffnet werden. Die instrumentenspezifischen Qualifikationen der Studierenden im *Studienfeld Klassenmusizieren* werden ab Sommersemester 2004 (zunächst) mit Blasinstrumenten und damit bezogen auf Bläserklassenunterricht erworben. Mittelfristig ist eine Ausweitung auf den Streicher- und Vokalbereich geplant.

Die Hochschule für Musik Detmold stellt das Lehrangebot nach den Standards einer der Musikhochschule angemessenen Ausbildung bereit. Dabei begibt sie sich bewusst nicht in konzeptionelle und / oder personale Abhängigkeit von anderen Ausbildungsträgern für den Bereich Klassenmusizieren. Mit diesen wird gleichwohl der konzeptionelle Austausch gepflegt. Im Bereich der Instrumentenbeschaffung, der Beratung und im Bereich ergänzender Vorträge, Praktika u. ä. gibt es Kooperationen (wie z. B. mit Instrumentenherstellern, musikpädagogischen Verbänden, Fortbildungsträgern), die in Zukunft noch ausgebaut werden sollen.

Die Konzeptionierung des *Studienfeldes Klassenmusizieren* erfolgte ab Wintersemester 2003/04 in Zusammenarbeit der Lehrenden im Bereich Musikpädagogik/Schulmusik und Instrumentalpädagogik/-didaktik (bisher vor allem der Blechbläserdidaktik/-methodik).[1] Das *Studienfeld Klassenmusizieren*, als spezifische und sehr wichtige Schnittmenge zwischen der schulbezogenen Musikpädagogik und der Instrumental- und Vokalpädagogik, gilt inzwischen als ein Schwerpunkt musikpädagogischer Arbeit und Forschung an der Detmolder Hochschule. Dabei stehen besonders auch die anfangs angesprochenen Fragen zur Bearbeitung in Diplom- und Staatsexamensarbeiten sowie in musikpädagogischen Dissertationen im Blick. Zudem werden im Auftrag des Landesverbandes der Musikschulen in Nordrhein-Westfalen Klassenmusizierprojekte in verschiedenen Städten NRWs evaluiert. In Detmold selbst läuft ab dem Schuljahr 2005/06 ein unbefristetes Kooperationsprojekt »Bläserklassenunterricht« zwischen dem Stadtgymnasium, der Johannes-Brahms-Musikschule und der Musikhochschule. Zudem wird von Hochschullehrenden ab dem Schuljahr 2004/05 der auf zwei Schuljahre befristete Modellversuch »Grabbe-Winds« am Christian-Dietrich-Grabbe-Gymnasium durchgeführt. Hierbei wird eine Bläserklasse von der 5. bis zur 6. Jahrgangsstufe betreut, in der das für die Ausbildung der Studierenden und für den Bläserklassenunterricht entwickelte »Detmolder Modell« in der Schulpra-

---

[1] Zentral dabei ist die Mitarbeit von Klaus Ernst (Lehrbeauftragter für Instrumentaldidaktik Blechbläser) und Frank Kieseheuer (Wissenschaftliche Hilfskraft Musikpädagogik). Beide haben die Module im Detail mitentwickelt, erprobt und (zum Teil gemeinsam) durchgeführt. Wichtige Impulse gingen auch von den Gesprächen mit Prof. Dr. Werner Jank aus, der für die Schulmusikausbildung an der Musikhochschule in Mannheim ähnliche Angebote entwickelt hat. Ebenso konstruktiv war und ist der Austausch mit Prof. Dr. Ludwig Striegel, der mit seinem Team das »Mainzer Modell« des Klassenmusizierens in die Schulmusikausbildung an seiner Hochschule integriert hat.

xis erprobt und evaluiert wird.[2] Der Modellversuch »Grabbe-Winds«, wie auch der Bläserklassenunterricht an anderen Detmolder Schulen steht den Studierenden für Hospitationen und eigene Unterrichtsversuche zur Verfügung.

Die weiteren Ausführungen beschreiben die modulare Struktur des Studienfeldes, die Ausbildungsinhalte und den Gesamtzusammenhang dieser Arbeit, auch in der Anbindung an die regionalen Gymnasien und Musikschulen.

Die modulare Struktur des Studienfeldes

Volumen

Das *Studienfeld Klassenmusizieren* umfasst verteilt auf eine Studienzeit von vier Semestern insgesamt 17 SWS und ist in vier Modulen angelegt. Der Einstieg in das Studienfeld kann frühestens im 3. Fachsemester erfolgen (zur Ausbildungs- und Modulstruktur vgl. Abb. 2, zur zeitlichen Disposition innerhalb der vier Studiensemester vgl. Abb. 1). Die Module wie auch die Teilmodule stehen inhaltlich wie methodisch in einem Interdependenzzusammenhang und sind auch mit den Modulen der anderen Studienfelder des Lehramtsstudiums Musik verwoben. Die Teilmodule werden semesterbegleitend durch Prüfungen und Leistungsnachweise abgeschlossen. Auf die entsprechenden Ausführungsbestimmungen wird an dieser Stelle verzichtet.

	1. Semester	2. Semester	3. Semester	4. Semester
M1	Schulbezogene Musikpraxis			
	TM1.1: Schulbezogener Instrumentalunterricht (Bläser)		TM1.2: Schulbezogene Instrumentaldidaktik/-methodik	
M2		Fachpraktische Erweiterung (individuelle Auswahl von 2 Teilmodulen)		
M3		Musikpädagogische Grundlagen		
M4				Praxis des Klassenmusizierens

Abb. 1: Disposition der vier Studiensemester (Beginn ab 3. Fachsemester)

[2] Das für diesen Modellversuch notwendige Instrumentarium stellt dankenswerterweise die Stiftung »100 Jahre YAMAHA« e. V. zur Verfügung.

Detmolder Modell

Modul 1		Modul 2		
Schulbezogene Musikpraxis (7 SWS)		Fachpraktische Erweiterung (4 SWS)		
Teilmodul 1.1 Schulbezogener Instrumentalunterricht (Bläser)	**Teilmodul 1.2** Schulbezogene Instrumentaldidaktik und -methodik	**Teilmodul 2.1** Arrangement/Instrumentenkunde	**Teilmodul 2.2** Bodypercussion	**Teilmodul 2.3** Relative Solmisation
Volumen: 5 SWS/2 Sem.	Volumen: 2 SWS/2 Sem. (je 1 Sem. Holz bzw. Blech)	Volumen: 2 SWS/1 Sem.	Volumen: 2 SWS/1 Sem.	Volumen: 2 SWS/1 Sem.
Dozenten: Instrumentaldidaktiker / Wiss. Mitarbeiter MP / stud. Tutoren	Dozenten: Instrumentaldidaktiker	Dozenten: LA.	Dozenten: LA.	Dozenten: LfbA
		individuelle Auswahl von 2 Teilmodulen		

Modul 3	
Musikpädag. Grundlagen (4 SWS)	
Teilmodul 3.1 Konzeptionen und Modelle des Klassenmusizierens	**Teilmodul 3.2** Theorie und Praxis des Aufbauenden Musikunterrichts
Volumen: 2 SWS/1 Sem. Dozenten: Prof. MP (ergänzt durch Referentenvorträge)	Volumen: 2 SWS/1 Sem. Dozenten: Prof. MP (ergänzt durch Referentenvorträge)

Modul 4
Praxis des Klassenmusizierens (2 SWS)
Teilmodul 4.1 Praxis kompakt
Einführungsphase — Volumen: 1 SWS/1 Sem. — Abschlussphase — Dozenten: Wiss. Mitarbeiter MP
Teilmodul 4.2 Tagespraktikum — Volumen: 12 UE/1 Sem. Dozenten: Tutoren an Detmolder Schulen

Abb. 2: Ausbildungsstruktur des Studienfelds »Klassenmusizieren« an der HfM Detmold

Ortwin Nimczik

Zielperspektiven und Beschreibung der einzelnen Module

Modul 1: Schulbezogene Musikpraxis

Das Modul 1 qualifiziert die Studierenden im Feld der schulbezogenen Musikpraxis. Zum einen wird eine grundlegende Instrumentalspielfähigkeit von ausgewählten Blasinstrumenten vermittelt. Dabei erwerben die Studierenden solide Grundkenntnisse, auf denen sie in ihrer späteren Berufspraxis sinnvoll aufbauen können. Zum anderen wird eine Kompetenz aufgebaut, die es den Studierenden ermöglicht, in variabler und methodisch-didaktisch vielfältiger Weise Instrumentalunterricht in Gruppen zu erteilen und Bläserklassenunterricht zu leiten.

Teilmodul 1.1: »Schulbezogener Instrumentalunterricht – Bläser«

Das zweisemestrige Teilmodul 1.1 umfasst jeweils ein Seminar und ein angeschlossenes Tutorium im Gesamtvolumen von je 2,5 SWS. Inhaltlich konkretisiert es sich in zwei parallel angelegten Strängen: Einerseits erlernen die Studierenden (in einer Auswahl) die im Bläserklassenunterricht relevanten Instrumente und erfahren deren Funktionsweise in Grundzügen. Andererseits werden im Rahmen dieser eigenen Praxis erste Befähigungen entwickelt, selbst instrumentale Fertigkeiten in einer Großgruppe zu vermitteln und auf diese Weise einen musikpraktischen Unterricht zu gestalten, in dem durch das gemeinsame Erlernen eines Instruments, in diesem Fall eines Blasinstruments, nachhaltig musikalische Kompetenz bei Schülern durch die aktive Auseinandersetzung mit Musik aufgebaut wird.

Um diesen Zielen gerecht zu werden, erhalten die Studierenden zusätzlich zum Seminar im Rahmen eines Tutoriums Instrumentalunterricht in Gruppen. Hierbei werden nicht nur die instrumentalen Fähigkeiten erlernt, sondern zugleich Vor- und Nachteile des Gruppenunterrichts erlebt und erörtert.[3]

Sowohl auf die Vermittlung instrumentaler Fähigkeiten als auch auf die Befä-

---

[3] Bezogen auf das Erlernen von ausgewählten Blasinstrumenten sind im Folgenden die Zielperspektiven relativ detailliert beschrieben. Dies geschieht auf der Basis der in den beiden ersten Durchläufen gemachten Erfahrungen des »Detmolder Modells« und zielt darauf, realistische Ziele zu transportieren. Dass die Lehrenden im Bläserklassenunterricht das Instrumentalspiel aller Instrumente gleich gut vermitteln könnten, wie es mancherorts suggeriert wird, erweist sich in der Praxis als eher naive Illusion. Die Arbeit an den Instrumenten bleibt auch für die Lehrenden ein »work in progress«!

higung zur Leitung des Klassenensembles bezogen werden in beiden Semestern unterschiedliche Schwerpunkte gesetzt.

Im *ersten Semester* sind dies im Einzelnen
- auf instrumentale Fähigkeiten bezogen:
  Das Erlernen eines »Schwerpunktinstruments«. Dabei gilt es, sich intensiv über ein Semester mit nur einem Instrument zu beschäftigen. Am Ende des Semesters sollen die Studierenden folgende Lernziele erreicht haben:
  - Beherrschen des Tonumfangs, der in der instrumentenspezifischen Unterstufenliteratur verlangt wird;
  - Ausführung verschiedener Artikulationsformen (wesentlich legato, nonlegato, staccato);
  - Kenntnis und Anwendung von angemessenen bläserspezifischen Übungen;
  - Beherrschung von Grundzügen der Atemtechnik;
  - dynamische Flexibilität zwischen leisem und lautem Spiel einschließlich der Übergänge;
  - Beherrschung der in der Unterstufenliteratur vorherrschenden Tonarten (entsprechende Übungen, z. B. »Rubank-Etüden« können in flüssigem Tempo gespielt werden);
  - Fähigkeit zum Prima-vista-Spiel eines Unterstufenstückes;
  - Kontrolle der eigenen Intonation;

- auf die Leitung von Klassenensembles bezogen:
  - Begegnung mit »Probenritualen« zur Organisation einer Probe und zur Pflege und Instandhaltung der verschiedenen Instrumente;
  - Begegnung mit Binnendifferenzierungsverfahren beim Erlernen von Blasinstrumenten in Gruppen;
  - Kenntnis der Grundlagen des Instrumentalspiels und Fähigkeit, einen diese berücksichtigenden Unterricht zu planen;
  - Begegnung mit einem Methodenrepertoire zur aufbauenden Erarbeitung von Rhythmik und Melodik (z. B. unter Einsatz von Melodie- und Rhythmussolmisation, Bodypercussion, Vocussion etc.).

Im *zweiten Semester* erlernen die Studierenden elementare Spielfertigkeiten von drei weiteren Instrumenten, von denen mindestens eines aus einer jeweils anderen Familie als das Schwerpunktinstrument gewählt wird. Die beiden zentralen Bereiche des Teilmoduls 1.1, die Vermittlung instrumentaler Fähigkeiten

und die Befähigung zur Leitung von Klassenensembles, werden erweitert und ausgebaut.
- Die Studierenden sind am Ende des zweiten Semesters in der Lage:
  - auf den nun zu erlernenden Instrumenten (wenigstens) den Tonumfang einer Sexte (Blechblasinstrumente) bzw. einer Oktave (Holzblasinstrumente) zu erreichen;
  - die individuellen Schwierigkeiten, die das Erlernen des jeweiligen Instruments mit sich bringt, zu erkennen und ansatzweise Lösungen anbieten zu können. (Beispielsweise sollten die Probleme beim Klarinettespielen hinsichtlich des Überblasens in die Duodezime einsichtig werden, unabhängig davon, ob die Studierenden diesen technischen Stand des Klarinettespielens erreichen oder nicht.)

- Bezogen auf den Bereich Bläserklassenleitung können die Studierenden am Ende des zweiten Semesters:
  - Registerproben, Warm-ups und Einspielphasen anleiten;
  - die Erarbeitung von Stücken aus dem Bereich der Unterstufe probenmethodisch anleiten;
  - eine Bläserklassenstunde planen (einschließlich der Erstellung entsprechender Unterrichtsskizzen), im Team-Teaching durchführen und gemeinsam kritisch reflektieren;
  - ihre Probenmethodik vielschichtig anlegen, variabel ausgestalten und reflektiert in die Strukturierung des Probenplans bzw. der Unterrichtsskizze einbringen (z. B. unter Berücksichtigung von Motivationsaspekten, in methodisch differenzierten Herangehensweisen an Übungen und Stücke, in effektiver Organisation des Wechsels von individueller Betreuung und Organisation der Ensemblearbeit, in sinnvoller Pausengestaltung etc.).

Teilmodul 1.2: »Schulbezogene Instrumentaldidaktik und -methodik«
Das ebenfalls auf zwei Semester verteilte Teilmodul 1.2 greift die von den Studierenden im Teilmodul 1.1 gemachten Erfahrungen bezogen auf die Vermittlung instrumentaler Fertigkeiten in der Gruppe und auf die Befähigung zur Bläserklassenleitung auf. Auf dieser Basis geht es nun um Ausweitung, Systematisierung, konzeptionelle Vergleiche und kritische Reflexion. Es werden u. a. verschiedene Strukturierungsmöglichkeiten von Klassenmusizierunterricht und Registerstunden, Konzepte und Materialien für Instrumentenkarusselle, Kriterien für die individuelle Instrumentenwahl sowie Verfahren der Binnendifferenzierung in den Blick genommen. Besondere Berücksichtigung

finden thematische Felder wie Anfängerunterricht, Spieltechnik (Tonproduktion, Ansatz, Zug- bzw. Grifftechnik, Anstoß), Körperschulung (Atmung, Haltung), Instrumentenpflege und Literaturkunde. Im Bereich der Literaturkunde werden gleichermaßen Lehrwerke auf ihren konzeptionellen Aufbau untersucht als auch die Kenntnis über die Spielliteratur für das Klassenmusizieren vermittelt. Im Weiteren umklammern und untermauern Themen wie Proben- bzw. Unterrichtseinstiege, Unterrichtssprache, Üben/Motivation, Gruppendynamik, Unterrichtsplanung etc. die genannten thematischen Felder. Um der Instrumentenspezifik von Holz- und Blechbläsern gerecht zu werden, wechseln die auf die Instrumentenfamilien bezogenen Aspekte je Semester.

Modul 2: Fachpraktische Erweiterung

Dieses Modul bietet zusätzliche Möglichkeiten, die fachpraktische Kompetenz zu erweitern. Die Studierenden wählen entsprechend ihrer individuellen Studienplanung aus dem Angebot der drei Teilmodule zwei aus.

Teilmodul 2.1: »Arrangements/Instrumentenkunde«

In diesem Teilmodul können die Studierenden Kenntnisse im Bereich der Instrumentenkunde sowie praktische Fertigkeiten im Arrangieren erwerben. Sie sind nach Absolvierung des Teilmoduls in der Lage,
- Zusammenhänge zwischen der durch sie vermittelten Musik und den historisch entwickelten instrumentenspezifischen Eigenschaften herzustellen;
- Kenntnisse der Instrumentenkunde in ihre didaktische Planung und die praktische Umsetzung mit einzubeziehen;
- eigene (einfache) Arrangements für Bläserklassen selbst zu schreiben und ggf. selbst zu musizieren;
- Möglichkeiten diverser Notationssoftware effektiv zu nutzen (z. B. Finale, Sibelius o. a.).

Teilmodul 2.2: »Bodypercussion«

In diesem Teilmodul entdecken die Studierenden ihren Körper als Klangquelle und diffiziles Instrument. Sie erproben seine Bewegungsmöglichkeiten, seine Koordination und die Vielfalt seines klanglichen Ausdrucks. Am Ende sind sie in der Lage,
- ihren Körper in vielfältiger Weise als Instrument zu nutzen;
- mit Körperklängen praxisbezogener Modelle zum Thema Improvisation und musikalische Gestaltung zu vollziehen und zu vermitteln;

- eine individuelle »Körper-Sprache« zu entwickeln und zu kommunizieren;
- Koordinations- und Unabhängigkeitsübungen (z. B. von Hand und Fuß) zu vollziehen;
- rhythmisch-metrische Körperübungen zu praktizieren und anzuleiten.

Teilmodul 2.3: »Relative Solmisation«

Das dritte Teilmodul vermittelt ein wichtiges Hilfsmittel für alle Bereiche der Musikpädagogik, insbesondere aber für die verschiedenen Ausprägungen des Klassenmusizierens. Die Studierenden werden in dieser Veranstaltung in die Grundzüge der relativen Solmisation eingeführt und lernen, diese Befähigung auf ihre individuellen Erfordernisse, beispielsweise beim Erarbeiten von Stücken im Rahmen des Klassenmusizierens, zu übertragen.

Folgende Zielperspektiven sollen in diesem Zusammenhang mit den Studierenden erreicht werden:
- Kenntnis der Grundbegriffe der relativen Solmisation (Tonsilben, Handzeichen, diatonische Affekte);
- Kenntnis der Anwendungsmöglichkeiten der relativen Solmisation in verschiedenen musikpädagogischen Kontexten;
- Kenntnis über verschiedene Methoden und deren Vor- und Nachteile;
- Fähigkeit zum praktischen Umgang mit relativer Solmisation.

Modul 3: Musikpädagogische Grundlagen

Mit zwei musikpädagogischen Hauptseminaren vermittelt das Modul 3 den konzeptionellen Hintergrund und die musikpädagogische Fundierung des *Studienfeldes Klassenmusizieren*. Im Blick steht dabei die Pluralität der verschiedenen Ansätze. Zudem geht es um einen soliden Referenzrahmen für ein musikpädagogisches Gesamtkonzept, das lern- und entwicklungspsychologisch begründet ist und sich aufbauend, didaktisch wie methodisch differenziert entfalten sowie auf musikalische Bildung im Sinne Kultur(en) erschließenden Musikunterrichts zielen soll.

Die Studierenden sind nach dem Studium der Teilmodule 3.1 und 3.2 in der Lage,
- die Möglichkeiten und Grenzen des Klassenmusizierens lehr- und lerntheoretisch einzubetten und von diesen Ansätzen aus Verbindungen zu anderen Inhaltsfeldern und Zielen des allgemeinbildenden Musikunterrichts gezielt aufzunehmen;
- aus dem Klassenmusizieren und dem eigenständigen Musizieren heraus

Wege zu musikalisch-ästhetischer Erfahrung und Erfahrungsoffenheit sowie zur Erschließung von (Musik-) Kulturen im weitesten Sinn zu öffnen;
- Kriterien für die Qualitätssicherung des Klassenmusizierens und die Schulentwicklung (unter besonderer Berücksichtigung der Rolle von Musik) reflektiert anzuwenden und ihren eigenen Unterricht zu evaluieren;
- ihr Methodenrepertoire auf lernpsychologischer und didaktischer Grundlage weiterzuentwickeln;
- ihre Kenntnisse der psychologischen Grundlagen des Musiklernens für die Planung aufbauenden Musikunterrichts zu nutzen;
- selbstständig auf der Basis der Erfahrungen der Veranstaltungen des gesamten *Studienfeldes Klassenmusizieren* aus den bestehenden Konzepten und Materialien im Blick auf die in ihrem Wirkungskreis gegebenen Rahmenbedingungen bestehende Konzepte angemessen zu modifizieren, weiterzuentwickeln und eigene Wege zu gehen;
- die musikalischen Fähigkeiten und Entwicklungsmöglichkeiten ihrer Schüler mit hoher Zuverlässigkeit einzuschätzen und sie bzw. ihre Eltern in musikbezogenen Entscheidungen angemessen zu beraten und zu unterstützen;
- die Begrenztheit einzelner musikalischer Stilbereiche wahrzunehmen und historische Vorläufer ebenso wie Probleme der historischen Entwicklung der Rolle des schulbezogenen Musizierens zu kennen.

Modul 4: Praxis des Klassenmusizierens

Dieses zweiteilige Modul bietet die Möglichkeit, die bisher erworbenen theoretischen und praktischen Kenntnisse in die Schulwirklichkeit einzubringen und (in Ansätzen) auf ihre Tragfähigkeit zu überprüfen. Hierbei kommen auch die in den Modulen des erziehungswissenschaftlichen Studiums und in den »Schulpraktischen Studien« gemachten Erfahrungen zum Tragen. Mit Hilfe der dort eingeführten Kriterien für die Beobachtung, Beschreibung, Planung und Bewertung von unterrichtlichen Vorgängen nehmen die Studierenden durch Hospitationen Einblick in die Alltagspraxis des Bläserklassenmusizierens. Zudem werden eigene Unterrichtsversuche gemacht, ausgewertet und reflektiert.

Teilmodul 4.1: »Praxis kompakt«
Das Teilmodul 4.1 besteht aus einer kompakten Einführungs- und Abschlussphase und umrahmt das Tagespraktikum (Teilmodul 4.2).

In der eintägigen Einführungsphase werden die wesentlichen Aspekte der Module des *Studienfeldes Klassenmusizieren* zusammenfassend erörtert. Zu-

sätzlich werden den Studierenden Anleitungen und Hilfestellungen zur Organisation des Praktikums und der anschließenden Evaluation gegeben. Diese beziehen sich u. a. auf:
- das Erstellen von Zeitleisten, Protokollen, Episodenbeschreibungen etc. zur Dokumentation der Hospitationsstunden;
- auf die Planung von Unterricht und die Erstellung von Unterrichtsskizzen.

Ein weiterer Teil der Vorbereitung besteht aus Analysen von Beispielstunden (Filmausschnitte) und in der gemeinsamen Simulation von Unterrichtssituationen.

Die eintägige Abschlussphase dient der gemeinsamen Auswertung und Reflexion der Hospitationen und ausgewählter Unterrichtsversuche. Durch Analysen von Videoaufnahmen der Unterrichtsversuche und der dazugehörigen Unterrichtsskizzen werden Erfahrungen ausgetauscht und Schlussfolgerungen, bezogen auf das gesamte Studienfeld unter dem Eindruck der erlebten und reflektierten Schulpraxis, gezogen.

Teilmodul 4.2: »Tagespraktikum«

Das Tagespraktikum wird in Bläserklassen verschiedener Detmolder Schulen durchgeführt. Es umfasst mindestens zwölf Unterrichtseinheiten. Die anfangs beobachteten Hospitationen werden allmählich durch eigene pädagogische Aktivitäten (z. B. individuelles Arbeiten mit einzelnen Schülern, Registerproben oder Gestaltung eines kurzen Unterrichtsabschnitts, Warm-up, Einspielen) erweitert und münden in vier eigene Unterrichtsversuche, die ggf. im Team-Teaching durchgeführt werden können.

Die weiteren Aspekte des Tagespraktikums spiegeln sich in einer zusammenfassenden schriftlichen Dokumentation wider. Diese enthält Angaben über:
- die Klassensituation (insbesondere zum Aufbau und zur Organisation der Bläserklasse, zur Besetzung, den beteiligten Lehrern);
- die instrumentaltechnischen und allgemein-musikalischen Kompetenzen der Klasse;
- die erzielten Lernfortschritte innerhalb des Beobachtungszeitraums;
- den Ablauf einer beobachteten Stunde (Unterrichtsprotokoll);
- die eigene Unterrichtstätigkeit in Form von Unterrichtsskizzen und Protokollen von zwei selbst durchgeführten Unterrichtsversuchen;
- die Bläserklasse betreffende Begleitmaßnahmen (z. B. finanzielle Abwicklung, Kontakte mit Musikschulen und anderen Kooperationspartnern, Vorbereitung und Durchführung von Konzerten oder öffentlichen Auftritten, vorbereitende und begleitende Informationsnachmittage für Eltern).

Die Etablierung des *Studienfeldes Klassenmusizieren* in der Lehramtsausbildung ist der Versuch, der instrumentalen Musikpraxis an den allgemeinbildenden Schulen einen neuen Stellenwert zu geben, der im Zusammenspiel mit vielen anderen Komponenten die Grundlage legt, musikalische Kompetenz bei Schülern nachhaltig aufzubauen. Genau an diesem Punkt ist die musikpädagogische »Landschaft« heute in Bewegung, und hier werden sicherlich weitere Entwicklungen notwendig sein.

Die wechselvolle Geschichte der Arcisstraße 12

Alexander Krause
Arcisstraße 12
Palais Pringsheim – Führerbau – Amerika Haus – Hochschule für Musik und Theater

ISBN 3-86520-094-X
84 Seiten, Paperback

Unter der Adresse Arcisstraße 12 wurden einige wichtige Kapitel Münchner Geschichte geschrieben. 1890 bezog Alfred Pringsheim, Schwiegervater Thomas Manns, eine Neo-Renaissance-Villa mit der Anschrift Arcisstraße 12, heute zur Meiserstraße 10 gehörend. Die Nationalsozialisten missbrauchten später den Königsplatz für ihre Selbstinszenierung und errichteten an der Kreuzung Arcis-/Brienner Straße den »Führerbau« – er bekam die Anschrift Arcisstraße 12. Ab 1945 war dort ein Central Art Collecting Point untergebracht, von 1948 bis 1957 das Amerika Haus, seit 1957 ist das Gebäude Sitz der Hochschule für Musik und Theater München.

Alexander Krause recherchiert in diesem Bändchen mit zahlreichen Abbildungen die wechselvolle Geschichte dieser Adresse – nicht nur ein Stück Münchner Kultur- und Geistesgeschichte, sondern auch ein trauriges Kapitel der Weltgeschichte.

www.allitera.de